LA GUÍA DEFINITIVA PARA PADRES EXTRAORDINARIOS

**14 principios no convencionales
para criar hijos exitosos**

Claudia Beja

En coautoría con Sebastián Beja y Paulina Beja

La guía definitiva para padres extraordinarios

03-2018-101012442500-01 © 2018 Claudia Beja

Todos los derechos reservados

ÍNDICE

I. ANTES DE EMPEZAR

Debes saber que este no es un libro
de crianza típico.

E N PRIMER LUGAR, **yo no elegí escribirlo**. Durante tres años, mis hijos (ahora adultos), insistieron en que tenía que escribir cómo hice para criarlos tan bien, dadas nuestras circunstancias cambiantes.

Ambos son tremendamente exitosos, y aprecian tanto la manera en que los crie, que me pidieron que escribiera una guía que explique cómo lo hice. Así, no solo ellos pueden aprender a ser padres extraordinarios, sino que otros podrán hacerlo también. Realmente creen que estos principios de crianza pueden tener un impacto en el mundo.

Y, ¿sabes qué? Yo también lo creo.

En segundo lugar, **este libro es crudo, vulnerable y muy personal**.

Este libro no es una guía didáctica común. Te voy a contar mis momentos más bajos (también los más altos, no te preocupes). Te

1

contaré mis historias –las divertidas, las vergonzosas y las que todavía me ponen la piel chinita. Este libro es maternidad/paternidad en todas sus formas, tamaños y matices. *Es real.*

Tengo que reconocer que la manera en que eduqué a mis hijos se basó completamente en ensayo y error, repetición y experimentación constante. Todo esto me llevó a descubrir nuevas formas de pensar sobre la crianza. Los tres fuimos conejillos de indias durante el proceso.

En tercer lugar, **vas a leer lo que piensan mis hijos**, Paulina y Sebastián, en sus propias palabras.

Ellos profundizaron tanto como yo para compartir sus propias perspectivas sobre las historias crudas y personales que relato en este libro. Vas a vivir cada historia desde mi punto de vista y desde la de ellos.

Te van a contar cada detalle vulnerable, cómo se sentían en esos momentos, qué pensaban y cómo reaccionaron ante mi manera de criarlos. Después comparten sus reflexiones sobre cómo se manejó cada situación particular, para convertirlos en las personas que son hoy.

Por último, este libro rompe las reglas.

Todas esas reglas que has oído sobre cómo los niños perfectos nacen de circunstancias perfectas, que una familia necesita una estructura ideal y convencional, que criar a los hijos como padre/madre soltero/a es una tarea imposible... ya sabes, las reglas. En mi familia, a esas reglas les decimos "Brules" (*Bullshit rules*, reglas de mierda.)

¿Sabes qué hacemos con esas Brules? Las rompemos. Este libro es para eso.

II. EL PRINCIPIO DE TODO

SI ALGUIEN ME HUBIERA DICHO hace 29 años que iba a escribir un libro sobre la crianza de los hijos, créeme, habría pensado que estaban completamente locos.

Cuando me convertí en una madre joven, ni siquiera estaba segura de que iba a poder criar a mis propios hijos. Como la mayoría de los padres, me preocupaba cometer los mismos errores que cometieron conmigo –o peores.

Pero, gracias a algunos desafíos imprevistos, no tuve más remedio que sumergirme en prácticas de meditación y autocontemplación (*mindfulness*). Me dediqué a estudiar desarrollo personal como si mi vida dependiera de ello. Porque en cierto momento, de hecho, fue así.

No me había dado cuenta, hasta hace muy poco, de que esas lecciones que aprendí para sanarme a mí misma se convirtieron en los principios de mi modelo de crianza. Principios que rompen con todo lo que me habían dicho sobre cómo se suponía que debía criar a mis hijos.

A veces la gente no me cree cuando hablo de la relación maravillosa que tengo con mis hijos, hasta que lo oyen de sus bocas.

Seguido me preguntan: *Claudia, ¿cómo le hiciste?* Y durante mucho tiempo, la verdad, no sabía qué decirles.

Lo único que sabía es que me prometí que iba a hacer lo que fuera necesario para criar niños extraordinarios, aunque no tenía idea de cuál sería el resultado.

No me di cuenta, hasta que crecieron, de que había establecido un modelo de crianza totalmente nuevo.

Si mis propios hijos no me hubieran pedido que escribiera un libro sobre cómo los crié, para que ellos a su vez puedan criar a sus hijos, no estaría escribiendo esto ahora.

Por eso hago la advertencia: éste no es un libro de crianza común de la sección de autoayuda. No es un libro sobre la ciencia del comportamiento de los niños. No soy psicóloga ni estoy tratando de convertirme en gurú. No te voy a decir cuál es "la manera correcta" de criar hijos.

Lo que te voy a contar es cómo pasé de ser una madre soltera en apuros, a ser la madre orgullosa de dos seres humanos exitosos, de una manera que rompió con todos los convencionalismos. No quiero que creas a ciegas en lo que yo, o cualquier experto en el tema, diría. Al contrario; te invito a cuestionar todo lo que digo, así como yo cuestioné todo lo que escuché sobre la crianza de los hijos, antes de comenzar mi trayectoria como madre.

Si mi consejo te puede ayudar, me alegrará poder dar un paso más hacia mi misión personal:

> *Empoderar a los padres/madres para criar a sus hijos, sanando a su propio niño interior en el proceso, para crear conscientemente la próxima generación extraordinaria de seres humanos.*

Voy a ser sincera: aunque creé un vínculo fuerte con mis hijos, y hoy puedo ver los efectos maravillosos de las lecciones de vida que les pude dar, hubo momentos en los que pensé que esto nunca sería posible.

Cuando tenía 23 años, estaba en el penúltimo semestre de la carrera de Administración de Empresas en la Ciudad de México.

Me acababa de casar, hacía solo 45 días –*se suponía* que mi vida era perfecta. Estaba a punto de comenzar la vida que mis padres querían para mí; la vida que debía tener, según el dictado de la sociedad.

Y después de una relación de 7 años con mi novio, éste era nuestro plan:

Casarnos → Terminar la carrera → Desarrollarnos profesionalmente → Comprar un auto → Comprar una casa → Tener hijos → Ahorrar para el futuro →Retirarnos con éxito

Mi vida iba por buen camino, pero solo dos meses después de casarme, me empecé a sentir mal y mi periodo tenía dos semanas de retraso.

En esa época las pruebas de embarazo no eran comunes. Pero la madre de mi mejor amiga trabajaba en un laboratorio donde acababan de inventar una prueba nueva, que te podía decir si estabas embarazada con solo una muestra de orina. Entonces, a regañadientes, decidí ir.

Después de casi una hora de angustiosa espera, me dijo que sí, efectivamente estaba embarazada.

¡¿Embarazada?!

Estaba en shock. No estaba preparada para esa noticia; no quería tener hijos en ese momento. Ni siquiera me había graduado de la universidad... ¡simplemente no era parte del plan!

Estaba convencida de que los niños eran molestos y desagradables, y ver a un bebé no me inspiraba en lo más mínimo a convertirme en madre. Sabía que *algún día* formaría una familia; pero en ese momento de mi vida, lo que más me entusiasmaba era la aspiración de ser una empresaria exitosa y poderosa –no una "aburrida mamá".

Así comenzó un recorrido que nunca hubiera imaginado posible, y que me cambió para siempre.

Entre las clases de economía, administración y derecho, Sebastián empezó a crecer dentro de mí.

Era mi último semestre y solo un par de semanas después de terminar la universidad, nació mi hijo. *Ése* fue el día en que comenzó mi verdadera carrera.

Asumí la maternidad. Mientras mis amigos trabajaban en distintas compañías, ganaban dinero, salían a tomar algo con sus compañeros de trabajo y pasaban los mejores momentos de sus vidas; yo estaba amamantando, cambiando pañales y completamente exhausta.

De repente me encontré en una carrera para la que no había estudiado; una carrera que te empuja más allá –a tus noches más oscuras y tus días más brillantes...

Es una excursión a la que no me había inscrito, una aventura que te emociona y te asusta de formas que antes ni podías imaginar. Una odisea salpicada de risas y lágrimas, de lucha interminable y logro constante. El viaje más difícil que puedes hacer, y por mucho el más satisfactorio.

> *La crianza te disecciona. Es una oportunidad para mirar hacia adentro y ver de qué estás hecho. Es el reto más difícil al que te vas a enfrentar y el espejo más claro que existe para ver quién has sido, quién eres y en quién puedes convertirte –lo grande que puedes ser.*

Casi tres años después nació mi linda bebé llamada Paulina. No me imaginaba que con ella llegaría el desafío más grande y difícil al que me he enfrentado en toda mi vida.

Una semana después de dar a luz, me encontré inmersa en una severa depresión posparto.

Años después descubrí que la depresión posparto es un trastorno del estado de ánimo causado por cambios hormonales que se puede presentar en una de cada siete mujeres después de parir.

Es un trastorno mental que puede llegar a manifestarse como depresión severa, paranoia y, en casos extremos, como fue el mío, incluso psicosis.

Este trastorno tuvo mucho que ver con circunstancias que se presentaron durante mi segundo embarazo: mi abuelo materno y mi abuela paterna fallecieron en ese lapso de tiempo. Me enfrenté a tener que aceptar la muerte y a dar vida al mismo tiempo; y mi mente no pudo manejar esa contradicción.

Como entonces no había mucha información al respecto, no tenía idea de lo que me estaba pasando. Lo único que sabía era que nunca le desearía esos síntomas ni a mi peor enemigo.

Tenía miedo de morir, mezclado con el miedo contradictorio, inexplicable y mucho más grande de vivir. Me sentía incompetente para criar a mi hijo y a mi hija, ya que estaba atrapada en un estado emocional depresivo y confuso.

Me angustiaba estar cerca de otras personas y mi mente estaba plagada de voces doloridas. Estaba viviendo mi peor pesadilla, completamente despierta, y pensé que me podía estar volviendo loca.

No podía lidiar con mis hijos y perdí mi alegría de vivir, todo al mismo tiempo. No encontraba la salida y llegué a un punto en el que tenía miedo de lastimarme a mí misma o a mis hijos. No me reconocía.

Mi familia, tratando de ayudarme, constantemente me recordaban lo afortunada que era. Me decían que debía estar agradecida por mis hijos, mi esposo y la vida que tenía en ese momento.

Y aunque todo eso era cierto, nadie podía entender el infierno por el que estaba pasando; ni siquiera yo misma, así que terminé sintiéndome culpable por no poder apreciar la vida.

No entendía qué me pasaba. Siempre había sido una chica positiva y alegre, el alma de la fiesta, y de repente me había convertido en una persona asustada y deprimida, tratando de sobrevivir entre ataques de pánico y desolación. Sentí tanta desesperación y soledad en ese momento que aun ahora, 27 años después, me cuesta trabajo describirlo con palabras.

Esta depresión duró un par de años y fue el desafío más difícil de mi vida. En ese entonces no había internet, por lo que me tardé años en entender que había sobrevivido a una forma muy *extrema* de depresión postparto.

Un día, desesperada, tambaleándome sobre la delgada línea entre la vida y la muerte, caí de rodillas y oré pidiendo ayuda al poder superior. Pasaron los meses y, una mañana, cuando me desperté, el término *Meditación Trascendental* apareció en mi mente.

Me sentí emocionada por esto, así que comencé a buscar en todas partes información sobre este tipo de meditación.

La Meditación Trascendental es una meditación con un mantra silencioso de la India en la que cada persona recibe un sonido individual.

En 1991, sin la conveniencia de Google, comencé a visitar la biblioteca local para investigar todo lo que pude acerca de esta práctica.

Repetía mi práctica de meditación con diligencia, y mi mente se empezó a calmar, a crear un espacio donde por fin pude encontrar y descubrir eso que había perdido hacía tanto tiempo:

LA ESPERANZA.

Y mientras sanaba, con los años comencé a ver el regalo que esta situación me había dado. Sentir todo ese sufrimiento y confusión me dio la oportunidad de conectarme con el sufrimiento de la humanidad, lo que me hizo sentirme humilde hasta los huesos. Mis dificultades se convirtieron en mis bendiciones.

Encontrar el regalo en cada situación difícil es la base de la maestría.

A veces nuestro mayor regalo viene en la forma más inesperada, pero en cuanto lo reconocemos comenzamos a ver el sol otra vez, asomándose por detrás de las nubes.

Mi regalo se convirtió en una capacidad única de empatizar con las personas en un nivel muy profundo; porque entendí que, en silencio, *todos* hemos sentido algunos de estos sentimientos. Pero quizás tengamos mucho miedo de hablar sobre ellos.

Me prometí que si me curaba de esa situación haría lo que fuera necesario para criar a mis hijos con consciencia. Me comprometí a cumplir mi legado:

CRIAR UN HIJO Y UNA HIJA EXTRAORDINARIOS.

Y mientras me hacía esa promesa, estaba a punto de enfrentarme a otro enorme desafío...

En 2000, mi esposo y yo nos divorciamos. Después de un par de años, decidió abandonarnos financieramente a mí y a nuestros hijos, y presentó una demanda en nuestra contra para evitar pagar un centavo de pensión alimenticia. Así fue como la vida me dio la oportunidad inesperada de educar a mis hijos como *madre soltera*.

Me he dado cuenta de que realmente la vida *nos da* tanto como podemos manejar. De repente me vi obligada a criar a mis hijos sola, siendo madre y padre al mismo tiempo. Tuve que aprender a ser dura y estricta como figura paterna; y a la vez amorosa y comprensiva, como figura materna.

Y al hacerlo, en algún lugar del camino buscando mi propia autorrealización, fui descubriendo una forma de armar a mis hijos con creencias que los empoderarían y protegerían de cualquier reto que el mundo les presentara.

Justo esto es lo que compartiré contigo entre estas páginas...

III. COMPROMISO TOTAL

A SOLO UN MES de publicar este libro mi hijo me preguntó: "Mamá, si tuvieras que resumir tus 30 años de crianza; todas las experiencias, aprendizajes, pruebas y errores, máximos, mínimos en UN concepto principal. ¿Cuál sería?

Mi hijo definitivamente es alguien que siempre está tratando de simplificar la vida y se enfoca mucho en la regla del "80/20", en encontrar la dosis mínima efectiva de las cosas. Con esa mentalidad, me señaló que solo un pequeño porcentaje de personas realmente leen un libro de principio a fin, por lo que es importante darles el "jugo" del libro de inmediato.

Sabiendo esto, mi respuesta a su pregunta fue (y sigue siendo):

COMPROMISO TOTAL

El *compromiso* es la base de estos 14 principios, el pegamento que los une. Es el jugo del libro. Sin tu compromiso verdadero y honesto, estos principios tienen poco valor.

El compromiso es la fuerza que te debe impulsar en la crianza de los hijos.

La cosa es que nuestra generación de padres les tiene bastante miedo a sus hijos; y la razón subyacente de esto es que no quieren comprometerse totalmente con la educación de sus hijos.

¿Por qué?

Porque es un *desafío mayor* que nos exige enfrentar a nuestros propios demonios.

Este compromiso con la crianza de los hijos surge de alcanzar la capacidad de practicar lo que se predica –no se vale decir que algo es lo "correcto", y hacer lo opuesto.

Los hijos son muy buenos para señalar cuando nos contradecimos, y esto genera mucho ruido en su proceso de aprendizaje. Este compromiso pone a prueba tus límites, te estira y te obliga a crecer.

Para honrar mi compromiso –de educarlos y de apoyarlos de la mejor manera posible– hubo momentos en que tuve que tomar decisiones muy difíciles. Y las tomé.

Hay dos acciones extraordinarias que puedes tomar para integrar este concepto de un modo más profundo:

1) Cierra los ojos durante cinco minutos e imagina a tu hijo creciendo feliz, exitoso, saludable y haciendo lo que ama. Inhala ese sentimiento. Siente el orgullo de ese resultado como consecuencia de tu crianza consciente y extraordinaria a través de las diferentes etapas de su vida. Un ingrediente clave para visualizar esto es sentir esa emoción, paz y alegría.

2) Escribe "Elijo ser un padre/una madre extraordinario/a" en lugares donde puedes verlo todo el tiempo (espejo, teléfono celular, protector de pantalla, etc.). Esto es una gran afirmación, así como un recordatorio de tu compromiso con tu hijo.

Para profundizar en este tema, descarga herramientas gratis en:
www.parentingextraordinary.com/es/herramientas

IV. 14 PRINCIPIOS PARA CRIAR HIJOS EXITOSOS

ASÍ ES COMO ESTE LIBRO está dividido: hay 14 principios; cada principio surge de mis propias experiencias personales de crianza y mi incontable (y constante) experimentación en esta área.

Cómo ya mencioné, mi hijo y mi hija también compartirán sus perspectivas, de cuando eran niños y en retrospectiva, como adultos. Hablarán de cómo vivieron estas situaciones, desde de su propia óptica.

Al final de cada capítulo voy a compartir contigo algunas acciones que puedes tomar, de inmediato, para ayudarte a implementar e integrar estos principios en tu vida de una manera fácil.

Lo que te prometo es que, si tomas en serio estos principios y los aplicas en tu vida activamente, te van a ayudar a convertirte en el padre o la madre más extraordinario que puedes ser. Además, tus hijos definitivamente te lo van a agradecer.

Así que aquí una probadita de lo que puedes obtener de cada principio:

1. USA LA EMPATIA PARA GENERAR UNA CONEXIÓN PROFUNDA

La empatía te conecta con tu hijo en el nivel más profundo

Exploraremos cómo convertirnos en un progenitor extraordinario que tiene humildad, empatía y una conexión significativa con su hijo. Descubrirás que, en la crianza de los hijos, las lecciones son recíprocas. No solo eres el maestro.

Profundizaremos en la conexión con tu propio niño interior y aprenderás a usar la crianza de los hijos para sanar cualquier herida infantil que puedas tener tú. Esto te abrirá un nuevo camino para evitar repetir los errores que se pudieron haber cometido contigo.

2. SE UN EJEMPLO A SEGUIR

Olvídate de poner reglas; ésta es la manera de inspirar a tus hijos a ser la mejor versión de sí mismos

Aquí es donde aprenderás cómo convertirte en el mejor motivador, mentor y ejemplo a seguir para tu hijo. La paternidad/maternidad no se trata de hacer reglas, sino de algo mucho más efectivo...

Exploraremos cómo convertirnos en la madre / el padre extraordinaria/o que muestra su propia humanidad vulnerable a su hijos y, por ende, se conecta con ellos a un nivel aún más profundo.

Además, aprenderás el poder de sembrar una semilla en su mente, y la importancia de empoderarlos para que piensen (y crezcan) en grande.

3. COMUNICATE CLARA Y ABIERTAMENTE

Haz preguntas que inspiren una comunicación genuina

Esta sección te dará herramientas para hacerles preguntas a tus hijos que, además de alentarlos a hablar abiertamente contigo, los ayudarán a entender lo mucho que te importan.

Comprenderás que hacer *buenas preguntas* no solo te lleva a conectarte en un nivel más profundo con ellos; también permite que te abras tú. Serás capaz de usar la narración de historias para abrir nuevas posibilidades, generando una conexión y apertura que disolverá sus sentimientos de aislamiento y preocupación.

4. ESCUCHA Y OBSERVA CON PROFUNDA CONSCIENCIA

Usa tu intuición para escuchar y observar profundamente

Aquí vas a descubrir cómo aprovechar el Arte de Escuchar Atentamente para que tu hijo se sienta seguro, amado y cuidado. Y cómo usar la escucha consciente, sin juzgar, para crear un espacio en el que fluya la información –a la vez que generas una confianza profunda con tu hijo.

Exploraremos cómo crear un espacio seguro donde tus hijos puedan sentirse cómodos al abrirse y expresarse. Vas a aprender a observar y a poner un nivel de atención que no sabías que era posible.

5. SE SU APOYO

Tu apoyo moldea la persona que será tu hijo

En este quinto principio exploraremos el valor de respaldar a tu hijo, en especial cuando es más significativo para ellos.

Entenderás cómo apoyar incondicionalmente a tu hijo, y por qué este apoyo es indispensable en el desarrollo de su persona.

Te convertirás en el padre extraordinario que respalda productivamente las características naturales de tu hijo para que puedan aprovechar sus fortalezas internas y florecer en la mejor versión de sí mismos.

6. APLICA DISCIPLINA Y ESTABLECE LIMITES

La disciplina va mucho más allá que poner reglas

En esta sección hablaremos de cómo los hijos anhelan la disciplina como una forma de sentirse cuidados. Aprenderás cómo aplicar pautas familiares simples (pero firmes) para cultivar relaciones saludables de respeto mutuo.

Serás el padre extraordinario que establece reglas y consecuencias claras y coherentes –así como límites personales tanto para ti como para tu hijo.

7. ENSEÑA RESPONSABILIDAD

No solo se trata de sacar la basura: la responsabilidad fomenta la confianza, el éxito y más

Este principio se trata de hacer que tu hijo se sienta como un miembro valioso y muy respetado de la familia. Aprenderás a plantar las semillas de la responsabilidad en tu hijo, a temprana edad, para desarrollar su confianza en su capacidad de logro.

Serás el padre extraordinario que reconoce y alienta la participación de tu hijo en el cumplimiento de sus responsabilidades. Además, perfeccionarás el poder de "guiar con el ejemplo" al cumplir con tus propias responsabilidades.

8. EXPRESA VULNERABILIDAD

Por qué dejarle ver tu imperfección es lo más perfecto que puedes hacer

Expresar vulnerabilidad y desglosar la imagen de "superhéroe" de los padres humaniza tu relación con tu hijo. Hablaremos de cómo la paternidad extraordinaria es un proceso tanto de enseñanza como de aprendizaje.

Te convertirás en el padre/madre extraordinario/a que, a través de la vulnerabilidad, enseña una expresión emocional saludable. Inspirarás a tu hijo a crecer y aprender de ti, y te inspirará para crecer y aprender de tu hijo.

9. ENFATIZA EL PODER DE LA CREENCIA

Es la mejor medicina que le puedes dar a tu hijo

Esta sección se trata de revelar la biología de la creencia —cómo en última instancia tus creencias le dan forma a toda tu realidad física (e interna). Tú construyes tus creencias, luego tus creencias te construyen a ti.

Serás el padre extraordinario que inspire a tu hijo a cuestionar el mundo que lo rodea, para que pueda tomar el control de sus creencias y de la realidad. Al aplicar afirmaciones positivas, tu hijo va a desafiar las limitaciones que la sociedad le impone; y su capacidad de crecimiento será ilimitada.

10. ELIGE SER EL CREADOR, NO LA VICTIMA

Cómo inspirar a tu hijo a ser el dueño absoluto de su realidad

En este décimo principio examinamos cómo los comportamientos negativos son síntomas de problemas más profundos. Aprenderás a abordar estos problemas de una manera constructiva y a traerlos a la consciencia, ya que suelen estar ocultos y reprimidos.

Serás el padre extraordinario que le permitirá a su hijo asumir la responsabilidad de sus creencias, pensamientos, sentimientos, palabras y acciones. Tu hijo se dará cuenta de que puede *elegir* ser el creador de su realidad, en lugar de ser una víctima indefensa del mundo que lo rodea.

11. AMA SIN CONDICIONES

Cómo amar verdadera y plenamente; sin condiciones

Esta sección te enseñará a cultivar y expresar amor incondicional hacia tu hijo. Esto fomenta su seguridad interior, que florecerá en relaciones sanas, honestas y amorosas.

Serás el padre extraordinario que expresa la profundidad de su amor de una manera clara y sin condiciones. Tus palabras y acciones conscientes crearán una sensación inquebrantable de seguridad que abrirá a tu hijo a expresar y honrar a su verdadero ser, sin temor a ser juzgado o rechazado.

12. FORTALECE TUS LAZOS CONSTANTEMENTE

Crea experiencias que trasciendan en recuerdos inolvidables

Exploramos cómo la creación de experiencias memorables contribuye al crecimiento personal de tu hijo y fortalece su relación para siempre.

Serás el padre/madre extraordinario/a que crea experiencias de unión de calidad a partir de intereses compartidos. Estas experiencias serán oportunidades para que tú y tu hijo se comuniquen profundamente, exploren el mundo que los rodea, aprendan juntos y desarrollen recuerdos divertidos y significativos que durarán toda la vida.

13. FOMENTA SU INGENIO

Un cambio de mentalidad convierte lo ordinario en extraordinario –siempre

Este principio descubrirá cómo el verdadero ingenio es simplemente el Arte de Replanteamiento: cambiar tu perspectiva para transformar los aspectos negativos de una situación en aspectos positivos.

Serás el padre extraordinario que, a través del ejemplo, inspira a su hijo a percibir cualquier situación de la forma más positiva posible. Les darás las herramientas para convertir la mierda en composta.

14. VIVE EN GRATITUD

Este principio final trae conciencia de la belleza y la divinidad de todas las experiencias de la vida, incluida la crianza de los hijos. La gratitud es la elección de sentirse maravillado por toda la belleza de la vida.

Serás la madre/padre extraordinaria/o que infunde aprecio y amabilidad en su hijo, que crecerá para ver la vida como una oportunidad sagrada y apreciada, y elegirá conscientemente vivir su vida en un estado de gratitud, aprecio y amor.

La última parte incluye:

Un plus: nuestros rituales y las conclusiones de mis hijos.

Una lista de ejercicios y técnicas que he desarrollado y perfeccionado a lo largo de los años. Es el resultado de mi experimentación constante sobre las mejores formas de conectar, escuchar y empatizar con mi hijo e hija.

Estos hábitos nos ayudaron a resolver *muchos* desafíos durante los últimos treinta años, en distintas etapas de nuestro crecimiento; y todavía lo hacen. No olvides leerlos.

Mi manera de dejar este mundo mejor que como lo encontré

La intención de este libro es que, a través de algunas de las historias que te cuento, puedas relacionarte con problemas similares que atraviesas con tus propios hijos.

Espero ayudarte a sentir que no estás solo, y que este libro te inspire a seguir adelante y encontrar esperanza y motivación en el camino.

Créeme, ¡vale la pena!

Ahora veo mi propósito en un nivel aún más grande y espero que, a través de mi historia, pueda contribuir a que otros padres y madres en todo el mundo se conviertan, no en padres perfectos; sino en padres *extraordinarios*.

Antes creía que la Unidad Universal empieza con la Familia... ahora, *sé* que es así.

Mi motivación es que las "semillas" que estás regando y nutriendo en este momento se conviertan en la generación futura de una humanidad amorosa, donde todos tengamos consciente que somos parte de un todo.

1. USA LA EMPATÍA PARA GENERAR UNA CONEXIÓN PROFUNDA

La empatía te conecta con tu hijo en el nivel más profundo

TODOS ESTAMOS TRATANDO de entender este juego que llamamos "vida". Ningún ser humano es mejor que otro; todos hacemos lo mejor que podemos.

Tener humildad significa entender que cada ser humano debe ser valorado y tratado por igual. La humildad nos da la oportunidad de conectarnos con nuestros hijos, sabiendo que están hechos de la misma materia que tú, yo, y el resto del mundo. Todos somos seres humanos tratando de navegar por la vida.

La humildad conduce a la empatía. Cuando nos conectamos con el alma de otras personas, nos vinculamos para siempre con nuestra propia alma.

Al conectarte con tu hijo podrás conectarte con tu propio niño interno y tu propia infancia. Esto es muy importante porque a menudo descuidamos a nuestro niño interior, y la felicidad que puede venir de nutrirlo, comprenderlo y conocerlo.

Esta es una de las muchas formas en que puedes aprender de tus hijos.

> **La conciencia de que estarás aprendiendo de tus hijos, a la vez que les enseñas, es el punto de partida de la crianza.**

La crianza de los hijos también te brinda la oportunidad de nutrir a tu niño interno, al ser tú ese padre que te hubiera gustado haber tenido durante tu crecimiento. Al hacer esto correctamente podrás curar tus propias heridas de la infancia.

Sanar esas heridas profundas evitará que repitas los comportamientos que aprendiste de tus padres, que solo trataban de hacer lo mejor que podían, sin ser completamente conscientes de lo que estaban haciendo.

La Crianza Extraordinaria te brinda la oportunidad de romper cualquier hábito o ciclo transmitido de generación en generación. Tendrás la oportunidad de abrir un nuevo camino −un camino que te llevará a situaciones que te emocionen, te llevará de vuelta a tu propio viaje de vida, donde puedes empatizar contigo mismo como un niño y luego regresar y conectarte en un nivel muy profundo de comprensión con tus propios hijos.

Ser empáticos mientras criamos a nuestros hijos combina el pasado, el presente y el futuro, creando nuevos comienzos y mayores posibilidades. Es una oportunidad que te unirá eternamente con ellos.

Era 1999 y, después de casi 12 años de matrimonio, me estaba divorciando. Nos aseguramos de dejarles muy claro a nuestros hijos que el divorcio era una decisión que mamá y papá estaban tomando, que ellos no eran en absoluto responsables de la situación y de ninguna manera debían sentirse culpables.

Poco después de que su padre se fue de casa, Paulina, mi hija de 8 años, empezó a tener problemas en la escuela. Estaba muy enojada, se peleaba mucho y era grosera con sus compañeros de clase. Este comportamiento, lamentablemente, continuó por un tiempo.

Una mañana fría, a la hora de empezar a prepararse para ir a la escuela, mi hija se negó a levantarse. Teníamos prisa, y le empecé a gritar que íbamos a llegar tarde si no se apuraba; pero ella no obedeció, no se movió. Permaneció firmemente anclada a su camita.

Me estaba llenando de ansiedad y enojo. Fui a su cama, la agarré del brazo y traté de arrastrarla a la ducha.

Pero en el momento en que toqué su bracito, la sentí. Empaticé con ella. Sentí su dolor, su desolación, su tristeza. Sentí todo ese sufrimiento como mío.

En ese instante mi hija y yo éramos *la misma persona*.

Me senté en el borde de su cama y le supliqué que me contara lo que le estaba pasando. Y me lo dijo. El dolor que sentí todavía me estruja el corazón, casi 20 años después.

Mi hijita me dijo que ya no quería seguir viviendo...

La empatía que sentí por ella en ese momento trascendió el tiempo y el espacio, me conectó con mi propia lucha interna, años atrás, cuando sufrí la depresión posparto. Ahora era mi niña preciosa, de ocho años, la que me estaba diciendo que había perdido la alegría de vivir.

Cuando pasó esto, todo lo demás perdió importancia.

A raíz de esa experiencia me sentí tan unida a mi hija que decidí *comprometerme* por completo a apoyarla, al igual que a mi hijo. Lo marqué como mi prioridad principal en la vida. Comprendí que yo había traído a esos bebés a este mundo, y haría lo que fuera necesario para que fueran felices.

Desde ese momento sentí que la vida me estaba dando una segunda oportunidad de recuperar mi propia alegría de vivir –pero esta vez, un propósito superior estaba llamando…

Perspectiva de Paulina

Cierro los ojos y puedo sentir ese momento en el cuerpo, en la piel. Siento el roce de las sábanas, el frío de la mañana... el corazón desbordado con el deseo de que todo se detenga para siempre.

Mi cama era mi refugio —el refugio que de alguna forma protegía los pedazos que quedaban de mí. Estaba deshecha, rota, y muy enojada conmigo misma. Quería que todo se detuviera. No entendía cómo el amor pudo separar a las dos personas que se suponía que debían estar juntas para siempre. Tenían que estar juntas para sostenerme a mí en ese amor.

Después de que mi madre se sentó conmigo y me abrazó, sentí una conexión que unió mi vulnerabilidad a la suya. De repente éramos una sola; una persona que, sin importar lo que fuera, seguiría disfrutando de la vida.

Cuando somos pequeños podemos ver, sentir y entender todo lo que está sucediendo a nuestro alrededor. A veces los adultos no se dan cuenta. Ahora, sin embargo, soy consciente de que todas mis acciones afectarán a mis hijos. Además, entiendo la importancia de dejarles saber a mis hijos que son lo más importante en mi vida, y que algunas decisiones no tienen nada que ver con ellos.

Aceptar que las cosas cambian, buscar una forma positiva de verlas y permitirte a ti y a los demás sentirse vulnerables, son lecciones importantes que aprendí sobre la vida a partir de ese momento.

Acciones de Crianza Extraordinaria:

Toma 10 minutos para recordar tu infancia y trata de revisar, con tanto detalle como puedas, un problema similar al que tu hijo está viviendo en este momento. Piensa bien y siente cómo te sentiste entonces como niño.

1) Escribe todo lo que puedas recordar sobre lo que sentiste y lo que pasó por tu mente.

2) Escribe 2 cosas en las que hubieras deseado que tus padres te apoyaran. ¿Qué te hubiera gustado que te dijeran tus padres en aquel entonces?

3) Considera la posibilidad de incorporar estas 2 (o más) cosas nuevas en la crianza de tus hijos, para así crear un nuevo camino y una forma nueva de educarlos.

Para profundizar en este tema, descarga herramientas gratis en: www.parentingextraordinary.com/es/herramientas

2. SÉ UN EJEMPLO A SEGUIR

Olvídate de poner reglas; ésta es la manera de inspirar a tus hijos a ser la mejor versión de sí mismos

CRIAR A LOS HIJOS *NO* se trata de poner reglas –se trata de modelarse uno mismo para convertirte en un ejemplo a seguir. Tus hijos van a copiar y reproducir en sí mismos lo que tú *eres*: se convertirán en ti.

> **Tu hijo aprende de cómo actúas y de quién eres, no de lo que le dices con palabras.**

Al mejorar constantemente la persona que tú eres, tendrás la oportunidad de reflejar la mejor versión de ti mismo en ellos, lo que los inspirará a convertirse en la mejor versión de *sí mismos*.

No trates de ser perfecto, permítete ser humano.

Deja que tus hijos vean tu humanidad. No se trata de ser un modelo *perfecto*, se trata de mostrarles a tus hijos que tú trabajas en ti todos los días para ser un mejor ser humano, que siempre te esfuerzas por crecer y aprender.

Al mostrarles que lo mejor que puedes hacer es dar lo mejor de ti, los pondrás en el camino hacia el éxito en todas las áreas de la vida.

Es bueno tener expectativas altas para tus hijos.

Como madre, soñé en grande. Visualicé a mi hijo e hija como adultos exitosos, espirituales, sensibles y humildes, con los pies en la tierra.

Sin embargo, nadie me dijo cómo podría lograrlo. Traté de encontrar respuestas, pero mis búsquedas de orientación en el tema de educación de los hijos fueron inútiles.

No encontré, en aquel entonces, información al respecto. Por eso tengo que admitir que mi crianza se basó enteramente en ensayo y error.

♦ ♦ ♦

Cuando mis hijos entraron a la secundaria les empecé a expresar abiertamente que estaba criando hijos *exitosos*, no mediocres. Les decía que no aceptaran la mediocridad, porque una vez que lo haces, está fuera de tu control y pierdes tu poder. Ellos reaccionaron algo ansiosos ante eso.

Una tarde, Paulina rompió a llorar y me dijo: "Mamá, siento mucha presión. Siempre me dices que debería ser una persona exitosa y no una persona mediocre… entonces, ¿qué pasaría si no pudiera cumplir con tus expectativas?"

33

Como estaba escuchando atentamente lo que ella me estaba diciendo, de inmediato sentí la presión que ella sentía. Esto me llevó a reformular mi visión.

Nos sentamos a platicar y comencé a elogiarla, haciéndole saber que ella ya estaba siendo exitosa porque era lo suficientemente valiente para dejarme saber lo que estaba sintiendo. Le dije que yo podía ver su inmenso potencial, a pesar de que ella misma no podía verlo en ese momento.

Como padres, siempre tenemos buenas intenciones cuando les decimos cosas a nuestros hijos. Sin embargo, a veces, es difícil saber cómo esas cosas pueden afectarlos.

En ese momento, entendí que era mi trabajo empoderarla y enseñarle a pensar en grande y a no enfocarse en las limitaciones. Al mismo tiempo, tuve que tomar en cuenta y entender la presión que estaba sintiendo como consecuencia de mis palabras.

Pau tenía alrededor de 12 años, y ese día se sembró una semilla en su mente. Esa semilla germinó en el aprendizaje de no tratar de cumplir con las expectativas de los demás, sino de despertar a su *propio* potencial.

> *La forma en que criamos a nuestros hijos es la semilla que determina qué tipo de cultivo cosecharemos todos como sociedad.*

Ahora Paulina tiene 27 años. Es Licenciada en Derecho y Directora de Ventas de una empresa de Bienes Raíces, donde ayudó a incrementar las ventas 50 % en solo 8 meses. Maneja un equipo de 12 vendedores, de los cuales el más joven es 10 años mayor que ella.

Ella dirige este equipo con atención, tomándose el tiempo para conectar y escuchar a cada uno de sus miembros, y a la vez es una directora estricta, que empodera a su gente a pensar a en *grande* – porque no está a la cabeza de un "equipo mediocre".

Nunca me hubiera imaginado el fruto maravilloso de dio esa semilla, 14 años más tarde. Esto me enseñó que, a veces, un sueño se puede convertir en algo mucho más grande de lo que podemos imaginar.

Criar a los hijos se trata de ser un gran entrenador, un motivador increíble y un modelo a seguir que los inspire… se trata de lograr la combinación perfecta entre dureza y suavidad; entre comprensión y exigencia… se trata de aspirar a posibilidades infinitas y a grandeza ilimitada.

La crianza de los hijos nos lleva a cosechar un fruto increíble que jamás hubiéramos creído posible.

Perspectiva de Paulina

Cuando era más joven, sentía mucha presión por tener que ser lo que mi madre esperaba que yo fuera. Siempre sentí que ella era más estricta conmigo que con mi hermano. Sentía una comparación constante entre mi hermano y yo, con el objetivo de que yo hiciera las cosas como él.

Por la presión que sentía, me estaba autosaboteando.

Mi mamá tuvo que hacer todo lo que estaba en sus manos para hacerme consciente de que mis capacidades eran muy mías y que la única que se estaba limitando era yo misma. Ella jamás se rendía, a pesar de cualquier situación que pasaba conmigo, sin importar lo grave que fuera; y hoy me siento agradecida por ello.

Cuando somos adolescentes, odiamos que nuestros padres siempre nos digan qué hacer y cómo hacerlo. Odiamos sentir que siempre están encima de nosotros, observando cada movimiento que hacemos... al menos así lo veía cuando tenía 12 años.

Hoy, sin embargo, entiendo que Mamá siempre estuvo ahí, pasara lo que pasara, observándome y cuidándome, porque quería que yo fuera la mejor versión de mí misma.

Ella sabía de lo que yo era capaz y quería que me diera cuenta por mí misma de lo lejos que podía llegar si establecía mis objetivos tan alto como yo sabía (en el fondo) que podía alcanzarlos.

Ahora estoy muy agradecida de que fuera estricta conmigo. Agradecida de que siguiera presionándome, de que nunca dejara de decirme, cada vez que hacía algo, que podía hacerlo mejor (si me lo proponía).

Acciones de Crianza Extraordinaria:

1) Siéntate con tu hijo y hazle dos preguntas:

   Pregunta # 1: ¿Qué te entusiasma en este momento?

   Pregunta # 2: Cuando te imaginas mayor, ¿qué te hace sentir emoción y pasión?

2) Anota esas respuestas en un cuaderno que llamarás el Cuaderno de Crianza Extraordinaria.

3) Piensa en lo que puedes hacer hoy para ayudar a empoderarlos para lograr sus sueños. Luego, hazlo.

Para profundizar en este tema, descarga herramientas gratis en: www.parentingextraordinary.com/es/herramientas

3. COMUNÍCATE CLARA Y ABIERTAMENTE

Haz preguntas que inspiren una comunicación genuina

HAZ *"BUENAS PREGUNTAS"*. Con esto me refiero a preguntas profundas y significativas que dan lugar al diálogo; preguntas que les demuestran a tus hijos que realmente te importan sus respuestas y lo que ellos quieren compartir.

Olvídate de las preguntas de seguimiento diario como, "¿cómo estuvo la escuela hoy?" Estas preguntas son aburridas, monótonas y no conducen a ninguna parte. "Bien", es la respuesta que es más probable que recibas, mientras mantienen la cabeza agachada, y mueven la comida en su plato de un lado a otro con el tenedor.

Algunos ejemplos de *buenas preguntas* son:

"¿Hubo algo que disfrutaste hoy en la escuela?"

"¿Hiciste algo hoy por lo que te gustaría ser reconocido?"

"¿Cómo te hizo sentir X situación?"

Estas preguntas les darán la oportunidad de pensar realmente en una respuesta. Sus respuestas abrirán una conversación y te ayudarán a conocerlos mejor.

Por ejemplo, tal vez responden a la primera pregunta diciendo: "Disfruté mucho cuando me invitaron a jugar fútbol durante el recreo, y cuando mi maestra me dijo que mi corte de cabello era lindo".

Con esta respuesta, puedes aprender que anhelan estar involucrados con otros, y que la alabanza es importante para ellos.

A partir de ahí, puedes preguntarles cómo le fue en su juego de fútbol, qué les gusta de su maestra, etc.

¿Ves la diferencia?

> *La empatía a través de la comunicación es lo que les abre la puerta a tus hijos para compartir contigo las cosas que son más importantes para ellos.*

♦ ♦ ♦

Pau cumplía 15 años y, en México, esa es una celebración importante (Quinceañera).

Llevábamos semanas planeando la fiesta y estábamos muy emocionados, pero yo sabía que algo le estaba molestando.

Al observarla, mientras se preparaba para el gran día, pude sentir el dolor que ella sentía por considerarse fea.

Entonces le hice una *buena pregunta*.

Le pedí que compartiera conmigo lo que estaba pasando, y me dijo que no se sentía hermosa, que estaba gorda y odiaba su nariz.

Al instante me conecté con esa sensación. Recordé que cuando tenía más o menos su edad, le dije a mi madre el mismo tipo de cosas: que me sentía fea y que los chicos nunca me volteaban a ver. Recordé la tristeza que sentí al compararme con las chicas populares y hermosas de la escuela.

Estaba convencida de que ningún chico saldría conmigo, que nadie me besaría y que estaba destinada a permanecer soltera por siempre (dato curioso: ¡hasta el momento me han propuesto matrimonio 4 veces!).

Cuando me conecté con mi propia experiencia de haberme sentido fea de adolescente sentí angustia y un nudo en el estómago. Al recordar mi propio pasado y revivirlo, tuve la oportunidad de empatizar profundamente con lo que mi hija estaba sintiendo en ese momento.

Después de eso imaginé lo que me hubiera gustado que mi madre me hubiera dicho a mí en ese tiempo, y eso fue exactamente lo que yo le dije a Pau...

Primero, le platiqué cómo me sentía entonces. Le expliqué todo el sufrimiento que viví, que me relacionaba por completo con lo que ella estaba sintiendo.

Ella estaba asombrada de escuchar lo que le estaba contando y me dijo: "Mamá, ¿cómo puedes decirme que tú también te sentías fea? ¿Cómo es posible que te sintieras así, si eres tan guapa?"

Le respondí así:

"Pau, así es justo como yo te veo a ti ahora. Tal vez no lo veas tan claro como yo, pero tienes que saber que eres realmente hermosa. Te voy a contar una historia que juro que es verdad. Cuando estaba en secundaria había algunas niñas en mi escuela que todos pensaban que eran las *bonitas*. ¿Sabes lo que les pasó cuando crecimos? Bueno, esas niñas, que en esa época eran consideradas las chicas bonitas y populares, se convirtieron en las mujeres no-tan-sexys y no-tan-guapas de ahora. Parece que la historia de *El patito feo* también nos pasa a los humanos. Así que, confía en mí: cuando crezcas, te prometo que vas a ser una de las mujeres más atractivas y bellas de la universidad y de la vida".

Pasaron los años, y eso fue exactamente lo que pasó: ella creció para convertirse en una mujer atractiva, bella y asombrosamente popular.

Lo que hice entonces, sin ser consciente de ello, fue ayudarla a crear una posibilidad diferente en su mente. Esta nueva posibilidad la llevó a creer que realmente *podría* suceder. Con esa historia, la empoderé al creer que eso podría sucederle también a ella. Esto le quitó la presión y permitió que su belleza se desplegara sin que ella la bloqueara.

Cuando les platicas a tus hijos de tus propias luchas, les das la oportunidad de identificarse y empatizar contigo. Saber que también fuiste un niño, que te enfrentaste a situaciones y problemas similares a los suyos, les da la oportunidad de conectarse contigo en un nivel más profundo.

Ahora se pueden identificar contigo: esta relación los acerca más a ti porque entienden que comparten problemas similares. Eso los tranquiliza y les ayuda a sentir que no están solos ni son distintos de ti (o de cualquier otra persona en el mundo).

Perspectiva de Paulina

Cuando tenía 15 años era muy insegura. Siempre sentía que algo en mí era diferente, pero no entendía por qué me sentía fea y yo misma me rechazaba.

Sentía que había algo de mí que no encajaba con las otras personas que me rodeaban en ese momento de mi vida. La diferencia que sentía dentro de mí no resonaba con nada ni con nadie cercano. Me sentí aislada y sola.

Me veía diferente a las otras niñas de mi edad. No me gustaba usar la típica ropa de niña, no me sentía cómoda. Me daba mucha flojera hacer las cosas que hacían las otras niñas, como bailar, maquillarse, arreglarse. A mí me gustaban los deportes extremos y moría de aburrimiento si tenía que hacer "cosas de niñas" por mucho tiempo.

Por eso en realidad solo me llevaba bien con los chicos. Esto me hacía sentirme como bicho raro; no era muy común que una niña fuera diferente de esta manera.

En particular, sentía emociones únicas cuando estaba con otras niñas.

Y, además de todo, tenía 15 años; estaba en plena adolescencia. A esa edad las personas recién empiezan a conocerse a sí mismas y a descubrir nuevas emociones. Era difícil tener estas emociones, que no eran lo que todos deberían "sentir", y estar completamente sola en ellas... así que las bloqueé.

Mucho tiempo después llegué a entender que mi inseguridad no venía de lo que otras personas pensaban o decían; sino de mi interior, del hecho de que estaba bloqueando las emociones que realmente sentía.

Ahora me doy cuenta de que mi inseguridad y el sentirme fea y fuera de lugar se debían a que no tenía la madurez suficiente para aceptar que me gustaban las mujeres. Era por esta conciencia reprimida que me sentía insegura, avergonzada y fea cuando estaba cerca de ellas; era un mecanismo de defensa que protegía mis sentimientos más profundos, que me aterraban y no sabía cómo enfrentar.

Por fin me pude aceptar, ser fiel a mí misma y darme cuenta de quién soy en lo más profundo de mi ser.

Es triste, pero vivimos en una sociedad en la que crecemos creyendo que debemos sentir y ser de cierta forma socialmente aceptada. Estas reglas sociales son lo que nos ciega a oportunidades infinitas, a todo el potencial y las posibilidades que todos tenemos dentro de nosotros mismos.

En especial durante la adolescencia, necesitamos que nuestros padres nos guíen, nos protejan y caminen con nosotros por el difícil camino que estamos viviendo. Esto nos da la fuerza para sentir que todo va a estar bien, que al final todo se acomoda, y así superar estos 'ideales sociales' para entrar con arrojo a nuestro ser más verdadero. El apoyo de nuestros padres es uno de los pilares esenciales para descubrirnos en esta vida.

Si no hubiera sido por la atención plena, el nivel de consciencia y el apoyo de mi madre en estos tiempos difíciles, mi camino habría sido mucho más arduo.

Acciones de Crianza Extraordinaria:

1) Haz una lista de 4 "buenas preguntas" que podrías usar para abrir un diálogo significativo con tus hijos. Concéntrate en preguntas abiertas, que cuya respuesta sea más que un simple sí o no.

2) Haz al menos una de estas preguntas HOY, durante la cena. El proceso de escribir las preguntas con anticipación te ayudará a evitar el silencio en la mesa, y hará que la conversación fluya con naturalidad.

Para profundizar en este tema, descarga herramientas gratis en: www.parentingextraordinary.com/es/herramientas

4. ESCUCHA Y OBSERVA CON PROFUNDA CONSCIENCIA

Usa tu intuición para escuchar y observar profundamente

ESCUCHAR ES CREAR un espacio sagrado donde los hijos se sienten seguros para expresarse; donde sienten que pertenecen, que son importantes, que están siendo cuidados y que son suficientes.

Escuchar sin juicio ayuda al flujo de comunicación.

Lo que puede no ser importante para ti, puede ser muy importante para tus hijos. Por eso es esencial crear un espacio sagrado y seguro y desarrollar habilidades de escucha atenta para que tus hijos se sepan protegidos y expresen lo que piensan y sienten. Hacer esto abre un espacio donde pueden ser lo que son y sentirse *seguros* al hacerlo.

No juzgues lo que te dicen. Habrá momentos en los que preferirás no saber demasiado sobre lo que te están compartiendo, créeme. Sin embargo, la información que te den te va a servir para entender lo que les está pasando.

Por ejemplo, esto me recuerda cuando mi hija tenía 16 años y, de la nada, me dijo que había perdido la virginidad.

Me recuerdo a mí misma: iba con prisa, manejando, después recogerla de la escuela. Acababa de regresar de un viaje de dos días y para ponerme al día, empecé a hacer *"buenas preguntas"*.

No me acuerdo exactamente qué pregunté, pero debió haber sido una *muy* buena pregunta, porque, de la nada, ¡me dijo que ese fin de semana había tenido su primera relación sexual con un chico con el que estaba saliendo!

¡WOW!

En ese momento sentí que me iba a desmayar.

Imagínate la situación: una tarde común y corriente, camino a tu casa, sin ninguna intención en mente, y de repente... ¡BAM! ¡Te enfrentas a esta información *sin* aviso!

Me tomó por sorpresa. Hasta cierto punto me sentí enojada y preocupada, pero no pude responder de inmediato. Recuerdo haber tenido este diálogo interno antes de poder decir una sola palabra:

Me estaba debatiendo entre 1.) castigarla, o 2.) abrir un espacio para que fluyera más información.

Así que inhalé profundamente –una inhalación muy, pero *muy* profunda– y, en lugar de gritar lo que estaba pensando ("¿Cómo pudiste haber hecho eso sin mi permiso? ¿Entiendes las consecuencias? ¡Fue tan irresponsable de tu parte!") me mordí la lengua –bastante duro– y le pedí que me contara más sobre lo que había pasado (aunque no estaba muy segura de poder escuchar lo que me iba a decir).

Empecé a hacer más *buenas preguntas*. Le pregunté si ella había estado de acuerdo, si lo había hecho desde un lugar de amor, y si este chico había sido cuidadoso y cariñoso con ella. Y mientras ella respondía y me contaba más sobre su experiencia, mi corazón latía con fuerza. Hice mi mejor esfuerzo para seguir respirando profundamente, con la esperanza de que ella no notara mi ansiedad.

Cuando terminó la conversación le agradecí que hubiera confiado en mí; significaba mucho. Luego me dijo que sus amigas, que ya sabían, le habían aconsejado que no me dijera nada. No les cabía en la cabeza la idea de decirle algo así a su mamá; ¡es la última persona a quien le dirías eso! Pau hizo mucho énfasis en que ninguna de sus amigas habría hablado de algo así con sus padres.

Sin embargo, mi hija sí lo hizo. Y estoy muy agradecida por ello, ya que permitió que, años más tarde, pudiera hablarme sobre un tema muchísimo más complejo y difícil de manejar (más adelante te contaré todo sobre eso).

Toma en cuenta todo lo que tu hijo te cuente como algo importante. Escuchar se relaciona con la observación consciente, se trata de estar presente al 100 %, de observar a tus hijos y, al mismo tiempo, observarte a ti mismo.

No solo con escuches con los oídos, sino con *todos* tus sentidos.

La escucha consciente se correlaciona con la observación consciente (escuchar tu voz interior, tu intuición). Así que observa más profundo, sé un detective. Descubre qué está pasando en el mundo de tus hijos. Deja que tu guía interna te ayude a lograrlo.

Esto te va a ayudar a manejar situaciones complicadas en una etapa temprana, antes de que se conviertan en algo potencialmente mucho más grande.

Escucha con el corazón abierto, con la intuición.

♦ ♦ ♦

Sebastián tenía unos 14 años cuando empezó a subir de peso. Es la edad en que los niños se vuelven gorditos, porque están empezando a crecer.

Comencé a darme cuenta de que, con bastante frecuencia sentía una fuerte necesidad de ir al baño en cuanto terminaba de comer. Había estado observando este comportamiento durante unos meses y, por fin, mi intuición me llevó a la idea de que tal vez estaba yendo al baño a vomitar.

Después de que se me ocurrió esta idea, empecé a observar a mi hijo con atención más profunda. Una noche, después de cenar, cuando salía del baño, le pregunté que por qué tenía que ir al baño después de cada comida. Fue evasivo. Esto me dio una pista de que tal vez sí estaba pasando algo en el baño.

Al ser la madre que observaba con atención profunda, tuve que idear un plan para descubrir qué estaba pasando sin dejar lugar a dudas. Así que una noche fui al baño después de que él salió, y busqué rastros de vómito.

Sí, eso puede parecer asqueroso. Pero la crianza de los hijos también se trata de poner en práctica tus habilidades de detective cuando crees que te están mintiendo. Cuando criamos hijos tenemos que hacer todo lo que sea necesario para averiguar qué les está pasando realmente, sin que ellos se den cuenta.

La bulimia es una condición muy complicada que, si no se detecta en sus etapas iniciales, puede poner en riesgo la vida de tu hijo. Es un trastorno que se presenta con más frecuencia en las niñas, por lo que dudaba si solo era mi imaginación, o si mi hijo realmente estaba empezando a desarrollar bulimia.

Investigué más sobre el tema y seguí buscando pistas en el baño. Cuando estuve segura de lo que estaba pasando, tuve una conversación privada con Sebastián al respecto y le expliqué los peligros que esto podría causar a su salud.

Al principio lo negó y se enojó conmigo porque no confié en su palabra y lo espié. Pero en la crianza de los hijos a veces es necesario espiar; en especial si sospechas que la salud de tu hijo puede estar en peligro.

Cuando entendió que yo no podía evitar cuidarlo, aunque eso implicara espiarlo, y que solo estaba tratando de protegerlo, empezamos a leer sobre alimentación saludable y aprendimos diferentes formas en que podía disfrutar de comida nutritiva sin engordar.

Fue una suerte que yo estuve consciente de la situación y pude intervenir a tiempo, cuando apenas comenzaba el problema. Después de aprender más sobre alimentación, Sebastián empezó a disfrutar realmente la comida, a apreciarla. Esta situación terminó siendo una oportunidad excelente para crear hábitos alimenticios saludables y desarrollar una relación sana con los alimentos.

Perspectiva de Sebastián

Recuerdo exactamente cómo me sentía. Antes que nada, me sentía... gordo. Sentía que no era perfecto.

A los 14 años todavía tienes grasita infantil, y yo estaba tratando de deshacerme de ella. Todos mis amigos en esa época estaban más desarrollados: eran más altos, más delgados, y no tenían las lonjitas que yo tenía.

Cuando comía y me sentí lleno, pensaba que sentirse lleno equivalía a ser gordo. Odiaba esa sensación.

En esa ocasión estaba sentado en la mesa, sintiéndome lleno, y fui al baño para "arreglar" esa sensación. Cuando volví a la mesa, en lugar de actuar como si no pasara nada, mi madre me preguntó: "¿Por qué estás vomitando?".

Me sorprendió por completo. Pensé que era imposible que lo supiera y traté de fingir que no era cierto, de engañarla —y engañarme.

Me dijo: "Sé que lo has estado haciendo. Fui a ver, y había restos de comida en el escusado".

Me sentí invadido, sentí que mi madre estaba violando mi privacidad y entrometiéndose en mis asuntos privados.

Eso no me gustó. Traté de defenderme, de negarlo, de engañarme a mí mismo y mentir, fingir que no estaba pasando nada.

Mi madre siempre preguntaba, "¿Qué pretendes no saber?"

Con el tiempo me di cuenta de que mentir (y engañarme a mí mismo) era algo muy arraigado en mi mente. En ese momento no pensaba que podía estar empezando con un cuadro de bulimia, solo sabía que cuando me sentía lleno me daban ganas de vomitar ...

En retrospectiva me doy cuenta de que lo que hizo mi madre fue por amor. Su cuidado iba un paso más allá —no se trataba nada más de jugar a ser mamá, sino ser realmente una madre y enfrentar situaciones incómodas. Ahora veo que ella realmente se preocupaba por su hijo y lo que me estaba pasando.

Creo que una de las lecciones más grandes que aprendí de esta experiencia fue a no engañarme a mí mismo... ¿Qué pretendía no saber?

Desarrollé una nueva filosofía de ser honesto, y de no proteger lo que pretendía no saber. Empecé a decirme a mí mismo: "Está bien; hice esto. ¿Qué puedo hacer para que funcione?"

Al partir de ese incidente me involucré más con la comida, con temas de alimentación y nutrición. Esta fue otra lección valiosa. Mi madre me enseñó que en realidad puedes comer alimentos saludables y no engordar. Que no importan las cantidades y que las calorías son un mito. Esto ayudó a responder mis preguntas sobre la alimentación.

Antes de que pasara esto yo estaba confundido porque mis amigos me decían que si comía demasiado iba a engordar, y era una creencia falsa que estaba grabada en mi mente. Lo importante no es la cantidad de comida, sino la calidad.

Estoy muy agradecido de que mi madre se haya preocupado de investigar mis acciones cuando lo hizo, porque su intervención fue realmente importante para mi evolución personal.

Cuando Sebastián estaba en el kínder, era el niño más lindo que te puedas imaginar, con unos rizos largos, castaños, preciosos.

Bueno, pues una tarde entré a su recámara y encontré un mechón de esos rizos largos, castaños y preciosos en el suelo; y unas tijeritas en la mesa.

Era muy notorio que le faltaba una buena cantidad de cabello, y me preocupé. Pero en lugar de gritar y castigarlo, le pregunté: "Sebastián, ¿por qué hiciste algo así?"

Al principio se negó a responder, solo me miraba y era obvio que estaba ocultando algo. Pude ver la vergüenza en sus ojitos, así que decidí plantear mi pregunta de otra manera: "Bani, ¿qué pasó para que decidieras cortarte el pelo? ¿No te gusta tu peinado?".

Observé su reacción y sentí su miedo y tristeza. Seguí indagando, pero con suavidad. Al final comenzó a llorar. Me contó que su maestra le dijo, en frente de todo el salón, que parecía una niña; que los niños deben tener el pelo *corto* y antes de volver a la escuela al día siguiente tenía que cortarse el pelo.

Él sabía que me encantaba su cabello, y no quería tener que pedirme que lo llevara a la peluquería.

A veces los maestros y las figuras de autoridad pueden ser simplemente estúpidos –y ofensivos– y decirles a los niños cosas que los dañarán por siempre. La joven y frágil autoestima de Sebastián podría haberse arruinado de por vida si no hubiera descubierto lo que estaba pasando.

Estaba furiosa con su maestra. Le dije a mi hijito que al día siguiente le haría saber a su miss lo que pensaba de ella. Me suplicó que no lo hiciera; tenía miedo de que ella lo avergonzara otra vez delante de sus compañeros de clase. Le prometí que eso no sucedería, y que lo iba a respaldar y proteger, *siempre*. Entonces al día siguiente fui a la escuela y pedí una junta con su maestra y la directora de la escuela. Dejé muy claro que no iba a permitir que nadie destruyera la autoestima y la confianza interior de mi hijo, y que sería mejor que hicieran algo al respecto si querían conservar la licencia de la escuela. Estaba comprometida a hacer cualquier cosa para evitar este comportamiento de maestros ignorantes e incompetentes.

En ese momento me sentí como una leona protegiendo a sus cachorros.

Criar a los hijos también se trata de sacar tu instinto animal y proteger a tu preciosa descendencia; se trata de hablar por ellos cuando aún no han encontrado su propia voz. Se va a hablar más sobre esto en el siguiente principio.

Perspectiva de Sebastián

Me acuerdo de esa historia como si hubiera pasado ayer.

El primer recuerdo es de estar frente al espejo, con las tijeras en la mano. Agarré un mechón de mi cabello —mis rizos largos, castaños, preciosos— y lo corté. Dos veces.

Recuerdo exactamente lo que sentía: quería pertenecer, ése era mi objetivo. Pertenecer.

Cuando eres un niño, ves a tus maestros como dioses (incluso más que a tus padres, creo). Los ves como héroes. Encontrarte a un profesor fuera de la escuela daba una sensación extraña... pensabas "¿Qué están haciendo aquí? ¿Son humanos? ¿Compran cosas en el supermercado?

Era una veneración absoluta.

Entonces, por supuesto, cuando una maestra (alguien a quien yo admiraba mucho) me dijo que los hombres debían tener el pelo corto porque si no parecían niñas, hice exactamente lo que ella me dijo que hiciera: me corté el cabello para poder pertenecer.

Justo después de que lo hice, por alguna razón, me llené de culpa y vergüenza. No tenía la conciencia para realmente juzgar, diseccionar y saber si lo que mi maestra me estaba enseñando era correcto o incorrecto.

Tal vez otra madre o padre no habría ido más allá en el asunto; pero mi madre lo hizo. Buscó los restos de comida en el escusado. Buscó la emoción que me llevó a cortarme el pelo.

Indagó a fondo, haciendo buenas preguntas, siendo un detective y siguiendo todos sus principios personales.

Ahora que reflexiono sobre esta experiencia, veo que fue exactamente como ella dijo que se sentía: era como una leona protegiendo a sus cachorros.

Desde el momento en que fue a hablar con mi maestra, me sentí realmente apoyado. Y no solo eso: el hecho de que siguiera averiguando hasta entender las emociones subyacentes detrás de lo que hice me dejó muy claro lo mucho que le importaba, y que siempre me cuidaría. Entendió la vergüenza, el dolor y la culpa que estaba sintiendo, y que mi objetivo era pertenecer. Me dio seguridad y confianza al decirme: "No, Sebastián, tú eres hermoso, tienes un cabello increíble, me encanta tu cabello".

Sentir esa protección, de alguien que va a estar ahí incondicionalmente, es una sensación realmente poderosa.

Todavía recuerdo este concepto que ella me enseñó de profundizar más: ir más allá del problema y de la situación, para así encontrar la sensación interna. Ahora para mí profundizar es algo muy normal, porque fui criado con estos principios tan poderosos.

Acciones de Crianza Extraordinaria:

1) La técnica de respirar y mirarse a los ojos:

    Una vez a la semana, cada miembro de la familia debe mirar a los ojos de cada uno de los demás miembros de la familia, y solo respirar en silencio para conectarse. Esto ayuda a construir un vínculo fuerte, en especial cuando los hermanos y familiares tienen problemas entre ellos.

Para profundizar en este tema, descarga herramientas gratis en: www.parentingextraordinary.com/es/herramientas

5. SÉ SU APOYO

Tu apoyo moldea la persona que será tu hijo

DESDE QUE PAULINA era muy chiquita, ya tenía un sentido de justicia muy fuerte. Yo bromeaba con eso y la llamaba la Robin Hood femenina.

Si estaban maltratando a un niño de su escuela, ella era quien lo salvaba. Estaba dispuesta a pelear contra cualquier persona –niño o niña, chica o grande.

Cada vez que había una situación de injusticia, ella era la primera en alzar la voz. Durante sus años escolares, me llamaban muy seguido de la oficina del director para decirme que otra vez se había peleado con alguien por defender a los niños más débiles.

Cuando llegó al último año de preparatoria, crucé los dedos para que ese año final fuera la excepción, y que ya no la llamaran a la oficina del director. Por desgracia no fue así.

Esta vez, las cosas se pusieron muy interesantes…

Pau estaba en la clase de Historia, y su profesor era a la vez el director de la escuela secundaria. Este maestro era bastante conocido, ya que se llevaba muy bien con los estudiantes. De hecho, se llevaba tan bien, que a veces no establecía un límite claro entre profesor y alumno.

Hubo varios rumores incómodos sobre su comportamiento con los estudiantes. Lamentablemente ninguno de ellos tuvo el valor para decírselo a sus padres, o a cualquier otro maestro.

Pero ese día las cosas estaban a punto de cambiar.

Mientras daba su clase, algunos estudiantes se portaban mal. El profesor decidió sacar su enojo contra Paulina, y, de repente, sin motivo, le dio un zape en la cabeza. Como es de entender, Pau se sintió miserable. No podía quedarse sentada, sin hacer nada. Así que, en su frustración, se puso de pie, tomó la mano del profesor y dijo con firmeza: "No te atrevas a tocarme otra vez".

Cuando me contó lo que había pasado, le hice saber que si este maestro volvía a hacer algo así iría a hablar con los directores generales de la escuela.

Tus hijos necesitan saber que vas a estar ahí para respaldarlos.

Durante todo el año este profesor odió a mi hija y constantemente trataba de perjudicarla de cualquier manera posible.

En esa escuela, cada año los estudiantes votaban para elegir a un representante del último año de preparatoria como presidente estudiantil. Por supuesto, Paulina participó en las elecciones y, como era muy popular en la escuela por haber defendido a tantos niños durante tanto tiempo, ganó.

El maestro estaba furioso, y se desató una guerra. Hizo todo lo que pudo para expulsar a mi hija de la escuela. Sus esfuerzos fracasaron: Paulina era demasiado fuerte y no pudo con ella.

Yo la apoyé al 100 %.

Más tarde ese año, Pau decidió hablar frente a toda la escuela sobre la intimidación (*bullying*) y sobre los *maestros que intimidan* a los estudiantes. Alzó la voz contra la injusticia, de tal manera que fue escuchada por todos, empoderando a sus compañeros, previniendo el acoso y sentando un precedente para las generaciones futuras.

Perspectiva de Paulina

Toda mi vida he odiado la injusticia.

Desde que tengo memoria, siempre he expresado mi opinión. He sido transparente y, si estoy sintiendo algo, se nota. Además, siempre sentí la necesidad de defender a los demás, así es como me siento fuerte por dentro.

Fui conocida como una niña rebelde —nunca me gustó que me dijeran qué hacer y siempre seguí mi propio camino.

Una vez mi mamá me dijo: "Puedes ser rebelde; pero si tienes calificaciones bajas te van a expulsar de la escuela". Era rebelde y tenía calificaciones bajas...

Pero en ese momento me prometí convertirme en una de las mejores estudiantes de la escuela. Mantuve mi promesa y lo logré. Entonces seguí siendo la chica rebelde, pero ahora con un promedio de calificaciones superior a 9.0; por lo que no había peligro de que me expulsaran de la escuela.

En mi último año de prepa, justo antes de graduarme, tenía buenas calificaciones y mi nueva meta era convertirme en presidente de la junta estudiantil.

Cuando me postulé a la presidencia, el director de mi escuela trató de evitar que ganara —sin motivo alguno. Aunque estaba trabajando duro y sacaba buenas calificaciones, me quería expulsar. Este tipo me odiaba.

Me odiaba tanto, que un día en clase, ¡me dio una zape! Al principio me sentí atrapada, débil y herida. Me sentí amenazada por él, obligada a esconder mis sentimientos.

Pero en ese momento dejé de sentirme débil. Respiré profundo y me defendí.

Cuando estamos en la escuela nos empezamos a enfrentar a situaciones controvertidas, y ahí es donde aprendemos a manejarlas lo mejor que podemos. La escuela es un esbozo de las situaciones que se nos van a presentar más adelante, en la vida real. Por eso este momento fue tan significativo para mí. Siento que representó y solidificó al héroe de justicia social dentro de mí.

Me defendí por todas las veces que defendí a alguien más; y sentí cómo creció mi poder personal. Me prometí que siempre lucharía por lo que creo, que no importaba lo asustada que estuviera, siempre lo afrontaría.

Ahora estoy a punto de contarte una historia que representó uno de los desafíos, obstáculos y lecciones más grandes que he tenido que enfrentar en mi vida; pero antes de empezar, quiero que sepas que estoy increíblemente agradecida por esa experiencia. Me dio la oportunidad de demostrar que soy una mujer fuerte y exitosa que se puede enfrentar a cualquier desafío y superar cualquier obstáculo, por más difícil que sea.

Después de la secundaria, Paulina estudió la carrera de Derecho y se graduó con honores.

Años más tarde, tuvo el coraje de luchar contra la peor injusticia que había sufrido en su vida: la ausencia de su padre. Inició un proceso legal en contra su padre por abandono y por no haber pagado un solo centavo de pensión alimenticia u otros gastos en los últimos 15 años.

Por supuesto, hizo un trabajo increíble y, a principios de agosto de 2017 (solo una semana antes de su boda), encaró valientemente a su padre, que estaba en la cárcel. Ella se paró ahí, sola, frente a un hombre a quien no había vuelto a ver en más de 12 años.

Quería mirarlo directamente a los ojos.

La última vez que lo vio todavía era una niña. Pero ahora era una mujer adulta –y abogada. Él se negó a mirarla. Se quedó ahí sentado, inmóvil, mudo. Ni una lágrima, una disculpa… nada.

Hay momentos en que la injusticia sobrepasa cualquier entendimiento.

Pero incluso después de lidiar con esa situación tan dura, Pau no tardó en encontrar su voz otra vez. Habló en el tribunal, y expuso a su padre irresponsable. En lugar de concentrarse en el dolor de ese momento, se puso de pie y habló, con la cabeza en alto –no solo por ella, sino en nombre de los miles de hijos e hijas que han sido abandonados por sus padres.

Su valentía y dedicación a la justicia son un ejemplo brillante para los niños y jóvenes de todo el mundo. Pau quiere que sepan que éste es un acto injusto; así les va a dar el poder para que se pongan de pie y se expresen en voz alta, por ellos y para el mundo, en nombre de la justicia.

Sin embargo, ella no habría podido lograr todo esto si no hubiera sido por la base sólida y el apoyo que tuvo *siempre* cuando alzó la voz en contra de la injusticia. Se sintió fuerte porque siempre supo que contaba con apoyo, que no estaba sola en su lucha.

Que tus hijos sepan que cuentan con tu apoyo y respaldo absolutos les da un sentimiento profundo de confianza interior. Tu apoyo es la red debajo del equilibrista; que los sostiene si se caen, a la vez que les da la confianza para caminar por la cuerda y la libertad de hacerlo por ellos mismos.

Esto les demuestra lo mucho que importan, y que pueden crear un impacto en el mundo y ser un ejemplo (a cualquier edad) para cualquier persona (de cualquier edad). La confianza de sentir este apoyo de tu parte les da el poder de ponerse de pie, levantar la voz y luchar por lo que creen.

La crianza extraordinaria se trata de asegurar que tus hijos sepan que tú los respaldas. Se trata de dar el ejemplo, desde una edad temprana, de que *nadie* puede menospreciar a *nadie*, y que nadie es mejor que el resto. (¿Recuerdas lo que mencioné antes sobre la humildad?)

Al establecer este ejemplo, mis hijos empezaron a cuestionar (muy temprano) a las figuras de autoridad. Además, tenían un concepto sólido de lo que es la justicia y de la importancia de cada vida en el planeta. Esto los impulsó a luchar por la justicia de todos, y yo los ayudé dándoles el apoyo y la libertad para hacerlo.

Perspectiva de Paulina

Cuando tenía 7 años, mi vida cambió por completo.

Mis padres me dijeron que se iban a separar y sentí que mi corazón se rompía en mil pedazos. No entendía lo que estaba pasando y me eché toda la culpa.

Como casi cualquier niño de 7 años, pensaba que la vida era perfecta. Entonces, cuando pasó esto, la tierra firme que pisaba de repente se desmoronó.

¿Cómo pudo pasar esto?

Durante un par de años nos quedábamos con mi padre dos fines de semana cada mes, y los lunes nos llevaba a la escuela. Así podíamos compartir momentos juntos a pesar de la separación. Pero a medida que pasaban los meses, sentía cómo se iba desvaneciendo.

Lo veíamos cada vez menos, y nos daba más y más pretextos para justificar su ausencia. Las mentiras y las evasiones se siguieron acumulando hasta que, cuando yo tenía 13 años, ya había desaparecido por completo.

Ya no era parte de nuestras vidas. Fuimos expulsados, ignorados y relegados económicamente.

En medio de este dolor, mi madre inició un juicio contra mi padre para exigir el pago de pensión alimenticia.

En México los padres están obligados por ley a mantener a sus hijos.

Después de dos años por fin ganamos el caso. Desafortunadamente, esto no importó en absoluto. En México, casi todo se puede arreglar con un soborno; es un sistema muy corrupto. Al final del día, la persona con más dinero es la que gana. Así que no pudimos recuperar el dinero que legalmente nos debía.

Mi madre se enfrentó a la decisión de seguir luchando —pagando abogados— contra esta injusticia corrupta, o destinar sus ingresos a mantenernos y darnos una buena educación a mi hermano y a mí.

Decidió enfocarse en nosotros y en nuestro bienestar.

Yo estaba furiosa. Me sentía impotente y ultrajada por la injusticia. Odiaba ver a mi madre tener que luchar por nosotros, sola.

Pasaron muchos años, pero el resentimiento todavía me hervía bajo la piel. Eso fue lo que me inspiró a estudiar Derecho y a convertirme en abogada. Decidí estudiar la Ley para poder defender las injusticias que me rodeaban; y el abandono de mi padre era la injusticia más grande que había vivido.

Siendo la luchadora que soy, decidí seguir peleando. Así que, con mi nuevo conocimiento de la Ley, reabrí el caso en contra de mi papá que mi madre había iniciado años atrás. Este proceso tomó varios años más; el progreso fue lento, pero no desistí.

Ya habían pasado más de 5 años desde que había reabierto el proceso legal. No sabía qué esperar, hasta que un día mi abogado logró encarcelar a mi padre por incumplimiento de pago de pensión alimenticia.

Después de 12 años, por fin volví a ver a mi padre —en la cárcel, donde estaba legítimamente por su incumplimiento como progenitor. La idea de verlo a los ojos era aterradora, pero sentía una necesidad enorme de hacerlo, de resolver esa injusticia monumental.

Me pasé 12 años preguntándome qué haría si lo volviera a ver, y la vida por fin me dio la oportunidad de averiguarlo.

En cuanto lo vi se desvanecieron todas las injusticias que viví (directa o indirectamente).

En sus ojos encontré un vacío. Era un extraño; ya no era mi padre. Toda la rabia y tristeza que guardé durante tanto tiempo se transformaron en paz.

Por fin entendí lo que es realmente un padre.

Un padre no es solo el biológico. A un padre le importas. Un padre abraza a su hija cuando se siente enferma, la escucha cuando le cuenta de su primer beso o la primera vez que sintió mariposas en el estómago.

Un padre te regaña cuando te emborrachas por primera vez, te dice que todo va a estar bien. Te abraza cuando tu corazón se rompe. Te va a ver, por más lejos que estés Un padre siempre te dice la verdad, aunque duela, para verte triunfar. Un padre te da amor incondicional todos los días.

(Un respiro profundo). Ahh... y por fin pude sanar.

Agradezco que mi vida haya transcurrido exactamente como fue, porque me formó en la mujer poderosa que soy.

Agradezco infinitamente que mi madre, mi hermano y yo siempre estemos conectados dentro de esta filosofía de apoyo incondicional.

Agradezco que todos los días regamos esa semilla: al decir lo que sentimos y actuar ante las injusticias que vemos y sufrimos.

Acciones de Crianza Extraordinaria:

1) Piensa en algo con lo que tu hijo haya tenido problemas y requiera de tu apoyo.

2) En tu cuaderno de Crianza Extraordinaria, anota tres maneras distintas en que puedes apoyar a tu hijo.

   Nota: no le resuelves el problema, solo apóyalo.

Para profundizar en este tema, descarga herramientas gratis en:
www.parentingextraordinary.com/es/herramientas

6. APLICA DISCIPLINA Y ESTABLECE LÍMITES

La disciplina va mucho más allá que poner reglas

U N NIÑO NECESITA LÍMITES; son la base de su seguridad interior. Crea solo algunas reglas, muy bien pensadas. Digo esto porque demasiadas reglas son eso: *demasiadas*. Tus hijos no las tomarán en serio, las olvidarán o se sentirán abrumados por ellas.

> **Las reglas son muy importantes. Deben ser pocas, pero irrompibles.**

Además, tiene que quedar muy claro que las reglas deben obedecerse, y que desobedecerlas traerá consecuencias. Hay que ser muy firme con esto, es importante. Un niño necesita saber que hay límites; si no están seguros de cuáles son sus límites, pasarán toda su vida buscándolos (y, créeme, no quieres que eso pase). No te dejes manipular por ellos.

Tus hijos deben entender que sus acciones tienen consecuencias. Si no eres firme y consistente con las consecuencias, tu hijo perderá la confianza y el respeto por ti.

Tu papel como padre o madre es ser una figura de autoridad y una guía, no solo un amigo. Por supuesto, tus hijos necesitan sentir (hasta cierto punto) que eres su amigo, pero tiene que estar *muy claro* que, ante todo, estás ahí para educarlos. Este límite entre una figura paterna/ materna y un amigo debe quedar bien definido.

Más disciplina es mejor que menos. Los niños que no tienen disciplina sienten que sus padres no se preocupan por ellos, que no importan.

◆ ◆ ◆

Cuando estaba en la secundaria fui a Acapulco con varios amigos. Teníamos que llamar a nuestros padres todos los días durante el viaje, para que supieran que estábamos bien.

En el grupo había un niño llamado Mario. Nadie conocía a sus padres, pero los llamaba diario, y nos contó que eran muy estrictos y tenía que llamarlos como mínimo dos o tres veces al día.

Hace 35 años no había teléfonos celulares. Si llamabas a alguien desde un teléfono fijo, cualquiera podría levantar el auricular en otra habitación y escuchar tu conversación.

Un día, Mario supuestamente estaba hablando con su padre por teléfono, y parecía que lo estaba regañando. Por accidente, levanté el teléfono en otra habitación y descubrí que no había nadie en la línea.

Después nos enteramos de la situación de Mario: sus padres nunca estaban en casa y realmente no se preocupaban por él. Nunca sabían en dónde estaba ni qué hacía. Para sentirse seguro y amado, el pobre Mario nos mintió para hacernos creer que tenía padres muy estrictos, que realmente se preocupaban por él.

Los límites y las reglas claras les dan seguridad a los niños, y les dejan saber cuánto te importan y cuánto los amas. Los ayudan a sentirse contenidos.

◆ ◆ ◆

Algo estaba muy claro en nuestra familia: los tres (Sebastián, Paulina y yo) éramos partes *igualmente* importantes para que nuestra familia prosperara. Yo era responsable de pagar la comida, escuela, ropa y otros gastos. Su responsabilidad era ir a la escuela y estudiar sin reprobar.

No quería que sacaran puro diez, pero sí estaba muy claro que tenían que aprobar todas las materias, todos los años; y que, si no se esforzaban por lograrlo, habría consecuencias. Era un requisito que siempre hicieran lo mejor que pudieran.

Cuando Pau estaba en la secundaria no quería concentrarse en los estudios, y reprobó una materia. Su escuela requería que los estudiantes que no aprobaban una asignatura asistieran a la escuela de verano; también requerían que los padres pagaran por la materia, *otra vez*.

Bueno, yo tenía una idea diferente de quién pagaría por volver a cursar la materia reprobada. Mi regla de tener que aprobar las asignaturas y asumir las consecuencias por no hacerlo siempre fue muy clara. Paulina tuvo que trabajar ese verano para pagar su materia. Además, tuvo que quedarse en casa estudiando, en lugar de ir a un viaje divertido con su hermano.

¿Estaba enojada mi hija conmigo? Ufff, ¡estaba furiosa! Lloró y gritó y me dejó de hablar. Pero sabía que, aunque había pocas reglas, las consecuencias de romperlas eran inexorables. Tenía que mantenerme firme y hacer cumplir esas consecuencias.

Después de ese año nunca volvió a reprobar una materia. A partir de entonces les quedó muy claro –a ambos– que, en la vida, sus acciones tienen consecuencias.

Además, después de pagar su escuela de verano por sí misma, Pau se empezó a dar cuenta de que podía lograr cualquier cosa.

Crear límites en la familia ayuda a tus hijos a sentirse contenidos, les da seguridad y aumenta su autoestima.

Perspectiva de Paulina

Cuando era adolescente no me gustaba que me dijeran qué hacer. Me encantaba ir a la escuela para estar con mis amigos y divertirme, pero odiaba estudiar.

A pesar de que no tenía los mejores hábitos de estudio, siempre logré salir adelante... hasta que reprobé mi primera y única clase: Ciencia.

Sentí que había fracasado. Estaba enojada, no solo porque se arruinaron mis planes para un verano increíble; sino que mi madre me hizo trabajar para pagar la clase que había reprobado. Me tuve que pasar todas las vacaciones trabajando y estudiando.

En esa época odiaba todo.

Mi madre siempre fue muy estricta, y siempre la he respetado mucho. No había otro remedio que cumplir sus reglas, y esta vez no fue una excepción. Sabía que mi madre siempre cumplía lo que decía, que no había flexibilidad y que tenía que asumir las consecuencias de mis acciones.

Cuando acabó el verano terminé de trabajar, pagué mi clase y aprobé la materia. Así de renuente como era, la pasé.

Hoy me doy cuenta de que esa situación me dio más de lo que podría haber pedido. Tuve la oportunidad de demostrarme que no importa lo difícil que pueda parecer algo, siempre puedo lograr lo que me propongo.

Aunque esa disciplina me costó mucho tiempo y energía, hoy es algo que aprecio con todo mi ser.

Las reglas deben ser muy claras: "No" significa NO.

Cuando digas que *no*, debes atenerte a eso y asegurarte de hacer cumplir las consecuencias que conlleva. Si no lo haces, vas a generar desconfianza y falta de respeto por parte de tus hijos.

En lugar de usar la palabra "castigo", usa la frase "consecuencia de tus acciones", y sé muy claro al respecto.

No castigues a tus hijos sin que ellos sepan:

1. Por qué están siendo castigados.

2. Por cuánto tiempo están castigados.

3. Qué significa exactamente "estar castigado". ¿Quiere decir que no hay televisión o teléfono celular o salidas con los amigos?

Asegúrate de ser claro, conciso y lógico. Establece consecuencias razonables y cúmplelas. Tus hijos te van a respetar por honrar tu palabra.

La crianza extraordinaria se trata de establecer los valores que tus hijos sostendrán por el resto de sus vidas; para eso debes ser muy claro, y tu palabra debe ser irrompible.

Honrar tu palabra es un valor sagrado –un valor que aprenderán de ti.

Hay que admitir que ser padre duele, y mucho.

Ser un padre *extraordinario* requiere que te comprometas a enfrentar ese dolor; que sepas que siempre va a haber luz del otro lado del túnel y que, por más oscuras que sean las nubes, el sol va a volver a brillar.

Haber sido tan estricta con ellos fue muy doloroso, es algo sumamente difícil.

Por supuesto no *quería* que Paulina tuviera que trabajar (para pagar la escuela de verano) en lugar de salir con sus amigos y jugar en la playa. Pero, partiendo de mi intuición, sabía que enfrentar esas consecuencias era lo mejor para ella.

Habría sido mucho más fácil pagar la escuela de verano, consentirlos y comprarles todo lo que querían; pero sabía que si se esforzaban por generar su propio dinero obtendrían más herramientas, así como la confianza necesaria para tener éxito en el futuro. Ahora veo con claridad cómo eso preparó sus mentes para ser triunfadores.

Como padres, debemos saber que nuestros hijos siempre van a poner a prueba sus límites; es una parte natural del crecimiento. Los niños constantemente miden a sus padres (y los límites que imponen), y lo hacen muy bien.

Entonces, para marcarles una línea muy clara, tu disciplina tiene que ser inquebrantable. Tienes que cumplir con tu palabra, y hacer cumplir las consecuencias de sus acciones *siempre*. También debes dejar muy claro que estas cosas no son negociables.

♦ ♦ ♦

Es importante que sepas establecer límites claros con respecto a tu tiempo y espacio personal. Tus hijos tienen que saber que te preocupas por ellos y que son lo más importante para ti, pero que no son tus *dueños*.

Es importante para tu bienestar mental, emocional y espiritual que crees un tiempo y espacio sagrado para ti mismo. Esta privacidad te permite reconectar y recargar tu energía.

Este tiempo, que es tuyo, lo puedes usar para meditar, hacer ejercicio, o cualquier cosa que te haga sentir más *tú*.

Cuidarte a ti mismo te hará un mejor padre/madre, porque todos tenemos mucho más para dar cuando nuestras necesidades personales están satisfechas. Les puedes explicar esto a tus hijos cuando les digas que deben respetar tu espacio y tu tiempo –sin interrupciones. Es esencial que entiendan lo importante que es tu tiempo individual y tus necesidades personales; de esa manera van a respetar tu espacio naturalmente.

Cuando aprendí Meditación Trascendental, me comprometí a hacer mi práctica durante veinte minutos, dos veces al día. Esta práctica de meditación fue lo que salvó mi vida. En esa época, como podrás imaginar, ese espacio era sagrado para mí. Mis hijos todavía eran muy pequeños, tenían alrededor de dos y cuatro años. Cada vez que iba a mi habitación para meditar, me interrumpían por cualquier razón imaginable.

Entonces me senté con ellos y traté de explicarles, de la manera más clara posible, qué era la meditación y por qué era tan importante para mí tener ese tiempo y ese espacio. Nunca subestimes la compasión de los niños pequeños, ¡te sorprenderá la profundidad con la que entienden las cosas!

A partir de esa conversación acordamos que, cuando mamá entraba en su habitación, nadie, por ningún motivo, podía interrumpirla. Y lo llamamos "Mi Espacio".

En aquel entonces, la meditación era considerada una "práctica extraña", así que, hasta el día de hoy, todavía me río de algunas situaciones que se presentaron mientras yo estaba en "Mi Espacio".

Por ejemplo, una vez el teléfono no paraba de sonar mientras estaba meditando. Mis hijos entendían muy bien qué es la meditación, y sabían que no podían interrumpirme por ningún motivo (al menos que se estuviera quemando la casa, o que hubiera algún accidente).

El teléfono ya había sonado unas veinte veces y parecía que no iba a parar nunca, así que mis hijos decidieron contestar. Era un ejecutivo del banco, que quería confirmar un cargo sospechoso en mi tarjeta. El hombre insistió en la urgencia del asunto y en hablar conmigo o, si eso no era posible, al menos con un adulto; pero mis hijos, con convicción férrea, solo repetían que "Mamá está en casa, pero está meditando y nadie puede molestarla".

"Que tu mamá está haciendo… ¿QUÉ?"

Me llevó un par de meses resolver lo que pude haber arreglado en cinco minutos, si hubiera contestado el teléfono ese día. El ejecutivo del banco hizo su mejor esfuerzo por explicarles a mis hijos la urgencia del asunto; pero para ellos nada podía ser más importante que ese espacio que yo necesitaba para cuidar de mí y, así, poder cuidar de ellos.

Acciones de Crianza Extraordinaria:

1) Escribe 3 cosas por las que has castigado a tu hijo y que siguen apareciendo. Ten una conversación con él/ella para que tengan claridad sobre por qué los estás castigando. Esto te ayudará a detectar el problema subyacente de lo que realmente está sucediendo.

2) Piensa en una forma creativa de resolver esos problemas recurrentes, en lugar de castigarlos. Implementa esta alternativa nueva y creativa esta misma semana.

Para profundizar en este tema, descarga herramientas gratis en:
www.parentingextraordinary.com/es/herramientas

7. ENSEÑA RESPONSABILIDAD

No solo se trata de sacar la basura: la responsabilidad fomenta la confianza, el éxito y más

ES IMPORTANTE QUE tus hijos entiendan que la familia es un *equipo*; que todos están en esto *juntos*. La familia es como un barco: cada miembro es importante porque, si alguien deja de remar, el barco se desvía. A cualquier edad, los niños deben saber que son una pieza crucial, que importan y que están aquí por una razón muy especial; que su participación ayuda a que toda la familia prospere.

La unidad en la familia escala a la unidad en un nivel superior.

Hazlos participar en las tareas cotidianas, sin importar su edad. Hazles sentir la importancia de su participación en esas tareas.

Como mencioné antes, mis hijos sabían que, como miembros igualitarios de la familia, mi responsabilidad era proporcionarles comida, refugio, ropa, educación, etc.; y su responsabilidad era ir bien en la escuela.

Desde el principio, un niño debe saber que la escuela es su responsabilidad. Quiero decir que, aunque los ayudes con sus tareas de vez en cuando, la escuela es *su* trabajo.

Muchos padres asumen esa responsabilidad, lo cual hace sentir a tus hijos que ellos no tienen la capacidad para hacerlo. Les quita su poder y les enseña que siempre van a necesitar ayuda para tener éxito en la vida.

A veces ayudamos demasiado a nuestros hijos porque queremos que brillen más que sus compañeros de clase.

Sin embargo, cuando hacemos su trabajo por ellos, en el fondo saben que el crédito que reciben por sus logros no es del todo suyo. No les quites la oportunidad de ganarse el crédito que merecen.

No importa que un proyecto no sea perfecto; lo que importa es el valor y la satisfacción que tu hijo siente al lograrlo por sí mismo.

En la escuela de mis hijos, cada año había un concurso de la Feria de Ciencias donde los estudiantes creaban un proyecto y lo exponían al final del año. Todos los padres y maestros asistíamos y el jurado votaba por el primero, segundo y tercer lugar.

Recuerdo ver a los padres esperando ansiosamente los resultados – no por el orgullo de su hijo, sino por el orgullo de haber ganado ellos. Era muy fácil distinguir entre los proyectos hechos por los niños y los que habían hecho principalmente los padres.

En retrospectiva, los niños cuyos padres hacían el trabajo por ellos no necesariamente se convirtieron en los adolescentes o adultos con mayores logros o éxitos; y los niños que realmente hicieron los proyectos por sí mismos hoy tienen mejores trabajos y vidas más exitosas y satisfactorias. Tal vez no ganaron en la feria de ciencias, pero ganaron en la vida.

> *Empoderar a tus hijos desde el principio ayuda a construir y crear la confianza en sí mismos que les permitirá saber que PUEDEN lograr lo que se proponen.*

♦ ♦ ♦

Cuando Sebastián terminó la preparatoria decidió que quería viajar durante un año. Apoyé su decisión, pero le dije que él tendría que pagar su viaje. Lo podía haber pagado yo, pero decidí no hacerlo. Sabía que, si se lo pagaba, no lo ayudaría a crecer.

Así que tuvo que encontrar la manera para obtener el dinero que necesitaba para su viaje. Durante su último año en la escuela organizó una rifa, en la que el ganador le podría cortar su pelo largo y rizado – como quisiera– en frente de toda la escuela... y él se quedaría con ese ridículo corte de pelo una semana entera (se veía *muuuuy* chistoso).

Fue genial ver lo creativos que se volvieron mis hijos cuando necesitaron trabajar por algo que realmente querían. Les dio la oportunidad de demostrar todo su ingenio, motivación y seguridad en sí mismos.

Sebastián viajó por Europa y Asia durante un año entero con un presupuesto de solo $5,500 dólares. Pudo viajar y gastar su propio dinero, que le costó trabajo ganar, con confianza y con un sentido de orgullo y logro.

En retrospectiva, hubiera sido más fácil para ellos si yo les hubiera pagado todo. Hubo momentos en que estuvieron muy enojados y llegaron a odiarme por no haberlo hecho. Me reclamaban diciéndome que los padres de sus amigos les pagaron todo, y resentían que yo no lo hiciera.

Pero sabía que estaba plantando las semillas de la responsabilidad y el ingenio –unos de los rasgos más importantes de una persona exitosa. La responsabilidad les permite creer que son capaces de lograr todo lo que se proponen; y el ingenio los lleva a imaginar infinitas posibilidades para lograrlo.

Conforme van germinando estas semillas, empiezan a aprender, desde una edad temprana, sobre temas como finanzas y administración. Saben administrar su propio dinero, ahorrar y pagar sus gastos.

Mi objetivo era dejar que experimentaran y entendieran por sí mismos cómo funciona el dinero; el valor que tiene. La idea es enseñarles conceptos relacionados con las finanzas, la salud y la espiritualidad a través de sus experiencias diarias, y alentarlos a despertar su creatividad al permitir que descubrieran ciertas cosas por sí mismos.

Perspectiva de Sebastián

Recuerdo que le dije a mi madre: "Quiero ir a Europa. Hagamos que suceda".

Ella respondió: "Está bien. ¿Cómo le vas a hacer?"

Me quedé perplejo. "¿Qué? ¿No vas a pagar mi viaje?".

Me dijo con severidad "No. Lo vas a pagar tú ".

Me sentí horrible. Durante un mes viajé con un amigo y su padre le pagó todo –vuelos, alojamiento, comida, trenes... todo. Tenía hasta un presupuesto de 50-60 euros por día.

Estaba avergonzado. No quería que nadie supiera que mi madre no pagó mi viaje; me preocupaba que pensaran que no teníamos dinero.

Así que nunca le dije a ese amigo, con quien viajé durante un mes, que yo mismo estaba pagando mi viaje.

Esta experiencia realmente enfatizó uno de mis valores fundamentales: el ingenio, la capacidad de resolver cosas por mi cuenta. En retrospectiva, puedo ver el efecto profundo que tuvo en mi vida; porque tuve la confianza para idear diferentes formas para ganar dinero –vendí mi pelo en una rifa, vendí mi auto, trabajé con mi tío... encontré la manera de hacer que eso pasara.

La necesidad de recaudar el dinero realmente cambió mi forma de pensar a "Puedo hacer que suceda". Ahora, uno de mis superpoderes es mi capacidad de "hacer que suceda", mi ingenio; lo cual también me ayudó a desarrollar una mente emprendedora.

Pero en ese momento, dolía. Estaba avergonzado y herido. No se me hizo justo que mi madre no pagara mi viaje.

Años después, me dijo: "Cuando tienes hambre, encuentras la manera de comer". Entonces fue cuando me di cuenta de que ella me daba la cantidad perfecta de equilibrio y confianza —me reafirmó que podía hacerlo, que podía demostrármelo a mí mismo y lograrlo.

Ahora el ingenio es uno de mis valores centrales. La mayoría de mis valores principales han surgido de las historias que estás leyendo en este libro. Además, mi ingenio viene de ver a mi madre ser ingeniosa (como puedes ver al leer sus historias). Ella me puso en situaciones en las que tuve que responder creativamente.

Estas pequeñas situaciones son sumamente importantes en la vida de un niño, porque los van preparando para el futuro.

Mirando hacia atrás, estoy muy agradecido por esta experiencia, que me permitió aprender este valor tan importante a través de mi propia vivencia.

No te voy a decir que fue fácil —fue doloroso.

Como padre es también doloroso. Es mucho más fácil darles dinero y ya; lo difícil es decir "No" y ver llorar a tu hijo, sentir su enojo, y tener que mantener tu decisión a pesar de eso, porque confías en que la semilla que estás sembrando va a germinar en algo maravilloso.

Ésta es la verdadera maestría de lo que me estaba enseñando. Realmente aprecio que haya soportado el dolor de enseñarme esta lección tan valiosa, porque no sería quien soy hoy si no lo hubiera hecho.

Acciones de Crianza Extraordinaria:

1) Tómate 5 minutos para hacer una lluvia de ideas sobre qué tareas puedes darles a tus hijos cada día, y asígnaselas. Todos necesitan tener una función y ser responsables de algo. Por ejemplo: si estás preparando la cena, dependiendo de su edad, un niño limpia y pone la mesa, otro lava los platos o corta los vegetales.

2) Pregúntale a tu hijo sobre una cosa que realmente quiera, ya sea algo material o una experiencia (como ir al minigolf o comprar algún juguete). Dile que le darás algo de dinero a cambio de que haga ciertas tareas (como regar las plantas o limpiar el auto). Puedes ir guardando este dinero para ellos hasta que ahorren la cantidad que necesitan para comprar lo que quieren. Este proceso les demuestra que están participando, que son parte del equipo. También les inculca que, a través del esfuerzo, la perseverancia y el trabajo duro pueden obtener lo que quieran.

Para profundizar en este tema, descarga herramientas gratis en:
www.parentingextraordinary.com/es/herramientas

8. EXPRESA VULNERABILIDAD

Por qué dejarle ver tu imperfección es lo más perfecto que puedes hacer

DEJA QUE TUS HIJOS sepan que eres un ser humano, como ellos. Deja que vean tu vulnerabilidad y demuéstrales que a veces tú también te sientes triste, enojado, inseguro, asustado, etc.

Mi hijo tenía dos años cuando estaba embarazada de mi hija. Debo haber tenido algún cambio de humor y, por alguna razón, me vio llorar. Mi pequeño niño lindo me miró, perplejo, y me preguntó: "¿Cómo te pueden salir lágrimas de los ojos, Mami?"

Al principio no entendí su pregunta, y le pregunté que qué quería decir. Planteó su pregunta de otra manera: "Mami, ¿cómo es posible que puedas llorar, igual que yo? ¿Los "grandes" también tienen lágrimas?

Los niños nos ven como sus superhéroes; por eso, a veces no pueden relacionarse con nosotros. Pero cuando entienden que somos iguales –humanos– y que alguna vez también fuimos niños, se pueden conectar y relacionar con nosotros en un nivel más profundo.

Es bueno ser un ejemplo y un modelo para tus hijos, pero es aún mejor para ellos saber que también tenemos sentimientos y luchas internas, que seguimos aprendiendo, igual que ellos. Además, no tener que ser un superhéroe todo el tiempo nos quita un gran peso de encima.

◆ ◆ ◆

En otra ocasión, mi hija sintió mi tristeza.

Ella tenía 16 años y yo estaba pasando por una separación muy dolorosa con mi segundo marido. Era una tarde lluviosa.

Me sentía sola y confundida, perdida en el vacío de mis sueños rotos, y estaba llorando en mi habitación. Los sollozos me sacudían con tanta violencia que apenas y podía respirar.

Paulina entró a mi recámara, sin tocar a la puerta, para pedirme algo. Y me encontró tirada en mi cama, llorando como una niña.

No quería que ella me viera así; quería que pensara que yo era esa mujer fuerte que podía enfrentar todos los reveses de la vida. Pero en ese momento no lo era: solo era una mujer normal que estaba pasando por un momento sumamente difícil, y estaba desconsolada.

Paulina estaba asombrada, no podía creer que su madre pudiera sentir tanto dolor. Me abrazó en silencio, mientras yo seguí llorando por un largo tiempo, aceptando mi propia vulnerabilidad.

Como padres, tratamos de parecer perfectos; pero es mucho más fácil para nuestros hijos relacionarse con nosotros si saben que no somos perfectos –sino que somos humanos.

¿Te imaginas tratar de expresar tus defectos y dificultades ante alguien que no tiene ninguno? Así se sentirían tus hijos si nunca vieran tu vulnerabilidad.

Hazles saber que no eres perfecto ni tienes todas las respuestas, para que puedan relacionarse contigo en un nivel mucho más profundo.

Ellos encuentran su propia fortaleza en tu vulnerabilidad.

Ayúdalos a entender que hay momentos en que tú serás es el guía y los vas a educar, pero también habrá ocasiones en que tú aprenderás de ellos. Rompe esas paredes falsas de la perfección y, como resultado, te verás creciendo a través de (y con) ellos.

Criar a los hijos es una combinación de enseñanza y de dejarse enseñar.

Perspectiva de Paulina

Hay momentos en que la vida y las batallas de otra persona te cambian; para mí éste fue uno de ellos.

Desde que era chica, siempre vi a mi madre como una mujer fuerte, poderosa y decidida.

Sin embargo, en ese momento la vi tan vulnerable. Cuando la estaba abrazando pensé que iba a ser el último momento que tendría con ella, se sentía tan frágil... sentí que iba a morir de amor.

Como niños, a veces no sabemos qué hacer. Siempre pensamos que somos los más vulnerables y que nuestros padres son los más fuertes, que nos protegen en todas las situaciones.

Pero esta vez fue todo lo contrario. Me encontré en una situación en la que tenía que ser fuerte; protegerla del dolor de su corazón roto y ayudarla a mantener el equilibrio. Quería quitarle el dolor a toda costa, para que se pudiera sentir en paz otra vez. Quería cargar el peso de su tristeza para que ella pudiera levantarse de nuevo.

Fue mi momento, como hija, para proteger a mi madre y hacerle entender (sin palabras) que a veces está bien permitirse ser vulnerable ante sus hijos —que la edad no tiene nada que ver con la fuerza interna.

Me sentí totalmente conectada con ella. En mi mente joven, entendí que, aunque ella es mi madre, sigue siendo un ser humano con emociones y espíritu. Ver este lado de ella me dio la posibilidad de abrir esa parte de mí misma.

Acciones de Crianza Extraordinaria:

1) Toma un momento, tal vez una vez al mes, para sentarte con tus hijos y compartir con ellos algún problema que viviste cuando eras pequeño. No te intimides con la experiencia, habla de todo lo que sentiste durante esta experiencia. No trates de ser el héroe; solo sé vulnerable. Con suerte, ellos podrán ver tu debilidad –de eso se trata. Este proceso los ayudará a abrirse y relacionarse mejor contigo.

Para profundizar en este tema, descarga herramientas gratis en:
www.parentingextraordinary.com/es/herramientas

9. ENFATIZA EL PODER DE LA CREENCIA

Es la mejor medicina que le puedes dar a tu hijo

¿QUÉ PRETENDES NO SABER? Ésta es la pregunta de oro, un concepto que he usado mucho. Esta pregunta ayuda a evitar que te engañes a ti mismo y genera honestidad, compromiso y confianza.

Enséñeles a tus hijos a hacer preguntas. Enséñeles a cuestionar: la escuela, sociedad, religión, amigos... incluso a sí mismos. A la vez, enséñeles a escuchar su voz interior: su gran guía.

Desde que era yo muy joven, hacía muchas preguntas.

Tengo un recuerdo, de cuando tenía unos cinco años, de estar acostada en mi cama, a media noche, haciéndome preguntas como:

¿Por qué estoy aquí?
¿Qué es todo esto?
¿De dónde vengo?
¿Qué pasa cuando morimos?

Cada noche, antes de dormir, repetía en silencio una pregunta tras otra...

Una noche escuché una voz que me dijo "Tendrás *todas* las respuestas el día que te mueras".

Solo tenía cinco años, y eso de morirme sonaba muy lejano. No quería esperar tanto tiempo para obtener respuestas, así que empecé a cuestionar *todo* y a *todos*.

Por ejemplo, me cuestioné, varias veces, por qué todos a mi alrededor tomaban siempre tanta medicina. Desde que era niña me di cuenta de que mis padres tomaban medicamentos para *todo*.

También recuerdo, en la casa de mis abuelos, el asombro de ver un pastillero con muchos compartimentos, lleno de todo tipo de tabletas, cápsulas y píldoras. El médico les recetó que tomaran todas esas medicinas a diario, les dijo que les ayudaría a sentirse bien.

Para mí no era razonable tomar medicamentos para curar tus enfermedades, o ir al médico porque él es "el que cura a la gente".

Me hacía preguntas cómo:

¿Por qué debería necesitar una sustancia química, con efectos secundarios negativos, para sentirme mejor?

¿Qué poderes mágicos tiene un médico que puedan curarme?

Vi a mis padres y abuelos tomar todas estas medicinas; y a pesar de eso se seguían enfermando. Cada vez que tenía fiebre, de inmediato me llevaban al médico y me obligaban a tomar un antibiótico. Los antibióticos me hacían sentir peor, pero mis padres me dijeron que así eran las cosas, y que *todos* tenemos que tomar medicinas para curarnos.

Mi padre ya tomaba medicinas para todo cuando solo tenía unos treinta años. Cada año los doctores le recetaban una medicina nueva para añadir a su lista. Para cuando tenía setenta años, tomaba unas 25 píldoras al día.

Yo lo veía muy enfermo. Así que mi mente curiosa lo cuestionó y le pregunté si alguna vez consideraría tomar menos pastillas. Dijo que no podía tomar menos medicinas porque *todas* lo hacían sentirse mejor. Había delegado la responsabilidad de su salud a los médicos y a las medicinas.

Murió un par de años después. Hasta el día de hoy estoy convencida de que todos esos químicos que ingirió durante 40 años tuvieron mucho que ver con su muerte.

A la generación de mis padres y abuelos se les dijo que, después de cierta edad, tienes que empezar a tomar medicamento para estar bien – y nunca cuestionaron *por qué* esto tendría que ser cierto.

En esa época, de una manera muy intuitiva, yo sabía que el cuerpo tiene la capacidad de auto restaurarse, lo que significa que tiene la capacidad natural de curarse a sí mismo (si lo dejamos hacerlo). Desafortunadamente, en ese momento, mi costumbre de cuestionarlo todo solo me convirtió en una niña desobediente.

Ahora, sin embargo, la ciencia moderna está demostrando que, desde mi proceso de pensamiento infantil, tenía razón –en especial sobre los antibióticos. Los científicos han encontrado que no solo tienen un efecto negativo sobre tu salud física, sino que también pueden causar depresión, ya que desequilibran tus bacterias intestinales.

Está demostrado que la mente es la medicina más poderosa que existe. A esto se llama el efecto *placebo*; es como un médico que vive dentro de nosotros. Las creencias que tenemos tienen la capacidad de crear las sustancias precisas, en la cantidad correcta, para que cuerpo sane por sí mismo. Este poder nos puede sanar (como en el caso del placebo) o enfermar (llamado el "efecto nocebo").

Ahora, *por fin*, muchas personas están empezando a cuestionar todo esto.

Otra idea que me negué a creer fue que después de los 30 años las mujeres engordan naturalmente.

Mi madre me decía (todo el tiempo) que, cuando las mujeres envejecen, engordan. Lo llamaba "cuando te entra el jamón". Cuando cumplió 30 años empezó a subir de peso; 40, más peso y luego tuvo sobrepeso, "por la edad". Cuando yo cumplí 30 años me dijo: "Ahora te va a pasar lo que te dije; vas a empezar a subir de peso, igual que yo".

Cada idea que piensas genera una reacción física en el cuerpo. A lo que la mente responde que sí, el cuerpo dice que sí también. A lo que la mente le dice que no, el cuerpo le dirá que no.

¡Gracias a Dios que me negué a creerle! Dije "no" a esa idea. Ahora tengo más de cincuenta años, y gracias a que me cuestioné y negué la idea de que engordas al envejecer, peso exactamente lo mismo que cuando era adolescente... y nunca he estado a dieta.

> *Primero tú construyes tus creencias; luego tus creencias te construyen a ti.*

Ahora, para que la frase anterior tenga sentido y resuene, me voy a poner un poco científica. No te preocupes, va a estar divertido.

¿Recuerdas que mencioné que la ciencia moderna está comenzando a entender todo esto? Bueno, están empezando a darse cuenta de que tus creencias *realmente crean* tu realidad. Hay muchos estudios nuevos que demuestran este fenómeno, pero el que voy a compartir contigo es mi favorito.

Uno de los científicos más conocidos en este cambio de paradigma es el Dr. Bruce Lipton, y se especializa en lo que él llama Nueva Biología. Incluso escribió un libro titulado *La Biología de la Creencia.*

Básicamente enseña que todo lo que nos han dicho sobre biología celular y genética es *incorrecto.* Nos han enseñado a creer que somos víctimas de nuestros genes –y del mundo exterior. Esto es lo que cree mi madre cuando me dice cosas como: "vas a empezar a subir de peso a los treinta años, igual que yo."

De lo que realmente somos víctimas, es de nuestras propias *creencias* y *percepciones* del mundo.

Esta es una ciencia *nueva,* y los estudios realizados por el Dr. Lipton (junto con muchos otros científicos) muestran una comprensión completamente nueva de la vida. Muestran que el "cerebro" de la célula no está en el núcleo ni en el ADN, porque han sacado a ambos de la célula, y la célula siguió funcionando normalmente.

Han descubierto que el cerebro de la célula realmente está en su capa más externa, en la membrana, el cerebro celular. Esto nos muestra que nuestra biología *no está* controlada por nuestro ADN y nuestros genes. Por el contrario, se controla desde fuera de la célula –a través de mensajes químicos que envía el cerebro.

En un experimento muy simple, probó células idénticas divididas en tres placas de Petri diferentes (dice que, en esencia, los humanos solo somos "placas de Petri cubiertas de piel").

Placa de Petri # 1: Inyectó esta placa con las hormonas que producimos cuando sentimos miedo, como el cortisol.

Placa de Petri # 2: Inyectó esta placa con las hormonas que producimos cuando sentimos amor, como la dopamina y la serotonina.

Placa de Petri # 3: No le inyectó nada.

No tocó a la célula interna, solo cambió el entorno en el que ésta vivía.

¿Los resultados?

Las células de la placa # 1 (las que tenían hormonas de miedo o estrés) estaban muy débiles, se encogieron y murieron muy rápido.

Las células de la placa # 2 (las que tenían hormonas de amor o felicidad) prosperaron, crecieron a un ritmo excepcional y tenían perfecta salud.

Las células de la placa # 3 se mantuvieron normales.

Entonces, ¿quién controla los mensajes químicos que envía el cerebro? Ciertamente no es un genio mágico... nosotros mismos controlamos esos mensajes químicos, al controlar cómo percibimos el mundo que nos rodea. Son nuestras creencias –nuestros pensamientos y emociones positivas y negativas– las que controlan nuestras células.

Dos personas pueden tener la exacta misma experiencia: una la puede percibir como algo horrible, e inundar su cuerpo con estas hormonas basadas en el miedo; mientras que la otra puede tener una percepción mucho mejor de la situación y sentirse bien.

Todo empieza con nuestra percepción, y nuestras percepciones vienen directamente de nuestras creencias; de cómo *elegimos* sentirnos sobre el mundo que nos rodea. Podemos percibir que el mundo está lleno de amor o lleno de miedo.

El problema es que la mayoría de nuestras creencias inconscientes, negativas y limitantes han estado arraigadas en nosotros desde que éramos niños.

A partir de los seis años más o menos, se forma una parte de nuestro cerebro llamada "corteza prefrontal". La corteza prefrontal es lo que nos da la libertad de escoger y elegir lo que creemos.

Si alguien nos dice algo como "eres tonto", podemos optar por ignorar lo que dijeron y seguir viviendo la vida sin creerlo.

Sin embargo, antes de los seis años, la corteza prefrontal aún no se ha desarrollado. Como necesitamos aprender mucho sobre el mundo en tan poco tiempo, nuestro cerebro literalmente graba todo. Antes de cumplir seis años creemos *todo* lo que nos dicen, porque así es como funciona nuestro cerebro.

Por lo tanto, si alguien le dice a un niño de 3 años que es tonto, ¿adivina qué? A partir de ese día, este pobre niño realmente va a creer que es tonto –su cerebro lo grabó automáticamente.

Te digo esto para que sepas lo increíblemente importante que es que hables con tu hijo como si fuera la persona más maravillosa del planeta. Si le dices a tu hijo, "eres tan valiente; eres muy fuerte; eres muy inteligente; eres *suficiente*..." te creerán.

Y, por lo tanto, *se convertirán en eso.*

Por otro lado, si le dices a tu hijo, aunque sea sin pensarlo, "eres molesto", o algo por el estilo, te creerán. En este caso, prepárate para que se vuelvan aún más molestos (ja).

Cuando etiquetas negativamente a un niño, lo estás limitando. Las etiquetas negativas limitarán su potencial porque están imprimiendo una creencia en sus mentes. Es de extrema importancia que estemos conscientes de esto cuando criamos un hijo, dadas las consecuencias.

> *Habla con tus hijos y sobre ellos solo con afirmaciones positivas. Elógialos y enséñales el poder de sus creencias y pensamientos.*

Se ha demostrado científicamente que tu mente solo responde a las imágenes que tienes en la cabeza y a las palabras que te dices a ti mismo.

¿Sabías que tu mente no puede distinguir la diferencia entre algo que realmente está sucediendo y algo que estás imaginado muy vívidamente?

Además, ¿sabías que tu mente no puede distinguir entre algo que estás diciendo/pensando sobre otra persona y algo que estás diciendo/pensando sobre ti?

Entonces, completamente independientes del mundo exterior, nuestras mentes crean nuestra realidad –desde adentro hacia afuera; *no* desde afuera hacia adentro. Por eso es tan importante que aprendamos a aprovechar el poder del pensamiento y las creencias a nuestro favor, porque *literalmente* forman nuestros mundos.

Entonces, nuestros pensamientos producen nuestras emociones, que producen vibraciones y productos químicos en nuestros cuerpos, que crean directamente nuestras realidades y nuestras biologías.

¿Qué, entonces, produce nuestros pensamientos? *Nuestras creencias.* Todo empieza con nuestras creencias.

Nos convertimos en lo que creemos que llegaremos a ser.

Marisa Peer, creó un método revolucionario de Hipnoterapia llamado RTT (*Rapid Transformational Therapy* o Terapia de Transformación Rápida), que ofrece un cambio extraordinario y permanente al transformar las creencias, valores, hábitos y emociones limitantes que se encuentran en lo profundo nuestra mente inconsciente.

La RTT reemplaza nuestras creencias obsoletas y limitantes, así como patrones negativos de comportamiento; y forma nuevas creencias que fortalecen nuestro poder.

Yo fui entrenada por Marisa Peer y obtuve mi certificado como Hipnoterapeuta de RTT. Te recomiendo mucho este método, si deseas transformar cualquier creencia limitante que puedas tener, ya que te será de gran ayuda durante tu proceso de crianza.

Es muy importante enseñar a nuestros hijos a cuestionar su realidad y diseñarla ellos mismos, al elegir qué creer. Enséñales a poner atención a sus pensamientos y sus emociones con la mayor frecuencia posible.

Si sus pensamientos suenan negativos o sus emociones se sienten incómodas, enséñeles a cuestionar qué creencias están causando estos sentimientos, y luego a replantear y redirigir estas creencias limitantes.

Literalmente hemos entrenado nuestras mentes para pensar ciertas cosas y sentir de ciertas maneras. Es como si fuéramos adictos a nuestras emociones. Por ejemplo, ¿alguna vez has conocido a alguien que *siempre* actúa como víctima?

¿Notas cómo las circunstancias en sus vidas se alinean de manera que los hace sentir aún más como una víctima? ¡Es porque en realidad son adictos a sentirse como una víctima! Su cerebro entra como en piloto automático y empieza a crear pensamientos victimizantes automáticamente.

Sin embargo, lo mismo ocurre con las personas que siempre eligen sentirse bien y agradecidas: ¡sus vidas se alinean de tal manera que el bienestar y el agradecimiento crecen aún más!

La elección es tuya.

Tal vez en este momento tú o tus hijos se sienten negativos con frecuencia.

Pueden empezar a sentirse mejor; puedes volver a cablear tu cerebro y comenzar a crear pensamientos más brillantes y positivos automáticamente. Lo único que tienes que hacer es empezar a crear nuevos hábitos.

Una manera de empezar es contarte una nueva historia. Tal vez antes te enojabas mucho; comienza a contar una nueva historia sobre lo tranquilo y paciente que eres.

Cada vez que empieces a sentir enojo, detente. Recuérdate y afírmate lo sereno y paciente que eres. Esto volverá a conectar tus creencias sobre ti como persona.

Como padre/madre puedes ayudar a tus hijos a reconectar sus creencias al ser tú quien les cuente una nueva historia; al menos hasta que entiendan cómo hacerlo ellos mismos. Como dije antes, no dejes de recordarles lo poderosos, pacientes, amables, inteligentes y bellos que son.

Enséñales a tus hijos a contar la historia de sus vidas como quieren que sea.

Comunicarle claramente a tu hijo la enorme importancia de sus creencias, pensamientos y emociones, lo pondrá en el mejor camino posible de la vida.

Al haber cuestionado todo, yo he podido desafiar el sistema de salud, el envejecimiento, la religión, el matrimonio, las formas impuestas de pensar/vivir, la crianza de los hijos, la educación, etc.

No tuve la paciencia de esperar hasta morirme para obtener las respuestas a mis preguntas, así que comencé a responderlas en *mis* propios términos. Empecé a tomar el control de mi vida, mi biología y mi realidad, diseñándola como yo la quería.

Lo que yo creía sobre el mundo era *real* para mí: me rehusé a creer que subiría de peso al cumplir treinta años, y me he mantenido saludablemente delgada desde entonces.

Mis hijos deben haber sentido mi naturaleza inquisitiva y la adoptaron. Este don de cuestionar el mundo y decidir qué creer les ha dado la oportunidad de encontrar sus propias respuestas y a vivir una vida muy diferente a la de muchos de sus amigos (al igual que yo).

Mientras buscaba respuestas, les enseñé meditación y los llevé a *Ashrams*, retiros silenciosos y círculos de Wicca… abrazamos árboles y vimos el atardecer todos los días con una técnica llamada *Sun Gazing* –hicimos muchas actividades no convencionales.

Mientras practicaba mis modos alternativos de pensar, a través de prueba y error (la única manera posible de hacerlo), los tres fuimos conejillos de indias.

A través de cuestionar situaciones, creencias, instituciones, formas de pensamiento preestablecidas y obstinadas, encontramos nuestro poder; lo construimos a partir de rechazar lo que otros nos dijeron sobre cómo son las cosas, o cómo *deberían* ser. Cuando pensamos que otras personas saben más que nosotros sobre nuestras propias vidas, les cedemos nuestro poder.

◆ ◆ ◆

Esto me recuerda cuando Sebastián estaba en su último año de preparatoria. Su profesor de Orientación Vocacional era muy respetado y tenía contactos en universidades de todo el mundo.

Bueno, Sebastián no obtuvo las mejores calificaciones en el examen SAT (un examen general de evaluación académica), y este profesor le dijo que no podría entrar a una buena universidad, que debía entender que eso estaba más allá de sus límites. Dada su calificación, debía conformarse con una universidad mediocre y simplemente aceptar tus limitaciones.

Sebastián me dijo que se sintió como un perdedor, porque este profesor, figura de autoridad *muy* respetada que "sabía más", le dijo eso.

A mí me quedaba muy claro que las calificaciones *no* determinan el éxito de un ser humano. Entonces, le hice una pregunta a mi hijo:

"Sebastián, ¿tú sabes cuáles son tus límites?"

Me dijo que no.

"Entonces, si ni siquiera tú conoces tus propios límites, ¿crees que alguien más los puede conocer? Además, ¿quién se cree ese maestro, Dios?"

Le expliqué que lo estaban midiendo en una escala numérica obsoleta que con solo un examen de opción múltiple teóricamente puede determinar quién es capaz y quién no.

Si mi hijo no hubiera cuestionado esa métrica absurda, se habría visto a sí mismo como incapaz, limitado y de bajo rendimiento. Sin embargo, al cuestionar, descartó esa "Brule" (*bulshit rule,* regla de mierda) y recuperó su poder, lo que le dio la fuerza para seguir sus propios sueños –sin importar *qué* o quién le dijera que no podía hacerlo.

Desarrolló sus propias creencias sobre sus 'limitaciones', y desde entonces ya nada puede limitarlo.

¿Sabías que los maestros de Albert Einstein le dijeron que él "nunca lograría nada?" De verdad, lo hicieron, y es un muy buen ejemplo –obviamente, Einstein no les creyó. Años más tarde esos maestros deben haberse sentido muy tontos.

Perspectiva de Sebastián

Recuerdo ese día como uno de los días más tristes de mi vida. Soy una persona muy feliz, pero me pone triste recordar ese día.

Sencillamente no entendí ese examen SAT. No me entraba en la cabeza cómo un solo examen; para el que estudié durante menos de dos meses, podía determinar todo mi futuro.

Entré en la oficina de ese maestro, Robert N., y me dijo que debería elegir universidades que estuvieran más a mi nivel.

Eso me aplastó.

Estaba muy triste. Mi madre se dio cuenta de inmediato (como siempre estoy feliz, es muy notable cuando estoy triste). Me preguntó qué había pasado, y le conté la historia.

En ese momento hizo algo clave: destruyó por completo la autoridad de ese maestro. Como leíste en su historia, ella dijo: "¿Sebastián, conoces tú tus límites? ¿No? Entonces, ¿cómo demonios los va a conocer tu profesor?"

La lección aquí fue no dejar que nadie –ni siquiera tú mismo– te limite.

Recuerdo que estudié mucho para ese examen. Mejoré bastante, pero no era mi fuerte.

Ese examen se hacía en un solo día y duró 7 horas. No me gustan las pruebas que generan tanta presión. La presión era que, si no te iba bien en el examen, no tendrías una buena vida. Es decir, no obtendrías un buen título universitario, ni un buen trabajo, ni una buena novia, ni un buen auto... tu vida básicamente estaba destinada al fracaso.

Lo que el sistema me enseñó del examen SAT es que está plagado de emociones destructivas sobre el éxito, completamente enfocado en el fracaso. Los estudiantes a los que les iba bien eran venerados, admirados, como si fueran dioses... "¡Ese tipo obtuvo una calificación súper alta! ¡WOW! ¿Cómo lo hizo?"

Y los que no obtenían calificaciones altas (o la crianza con la que yo fui bendecido), fueron a universidades mediocres. Desde el día de ese examen, aceptaron ser "mediocres". Eran inconscientemente mediocres, solo porque no les había ido bien en este examen que, al parecer, determinaba toda su vida.

En estos pequeños momentos mi madre me dio la confianza y la mentalidad para cuestionar la autoridad, las reglas y cómo las cosas "deben" ser.

Juro que esta es una de esas historias en las que pienso cuando yo, o alguien que conozco, empieza a tener pensamientos limitantes, como "Ya, solo puedes llegar hasta aquí" o "Esto es lo único que podemos hacer". Siempre pienso, inconscientemente: "¿Quién eres tú para limitarte a ti mismo y a los demás?"

Este pensamiento tiene raíces profundas en mi mente, gracias a la forma en que fui criado, y cuestionar los límites es una respuesta automática para mí.

Acciones de Crianza Extraordinaria:

1) Técnica del Círculo Mágico: esta técnica es ideal para resolver problemas en la familia. Busca un momento de calma para sentarte con tus hijos formando un círculo en el piso. De uno en uno, hablen del tema con suavidad y sin interrupciones.

Durante este tiempo, cada miembro de la familia propone soluciones y ofrece retroalimentación. Esta técnica ayuda a crear una sensación de pertenencia, como si fueran una tribu, y le infunde un sentido de importancia a cada miembro de la familia. Además, tal vez tus hijos encuentren una solución mejor de la que podrías haber pensado tú –te sorprenderán, si se los permites.

Para profundizar en este tema, descarga herramientas gratis en: www.parentingextraordinary.com/es/herramientas

10. ELIGE SER EL CREADOR, NO LA VÍCTIMA

Cómo inspirar a tu hijo a ser el dueño absoluto de su realidad

CUALQUIER PROBLEMA DE comportamiento tuyo, de tus hijos o de cualquier otra persona, es solo el síntoma de un conflicto más profundo. Portarse mal, sacar malas calificaciones, emborracharse, etc. son *síntomas* de un conflicto interno como el enojo, la tristeza o la frustración.

Sebastián siempre fue un buen alumno con buenas calificaciones y buena conducta. Sin embargo, cuando entró a la preparatoria, esto empezó a cambiar; de repente sus calificaciones bajaron, empezó a ir a muchas fiestas y tomaba demasiado alcohol.

Esto continuó durante un par de meses, pero sabía que solo era el síntoma de algo más profundo. Así que me senté con él y le pedí que me dijera qué estaba pasando dentro de él. Como cualquier adolescente, respondió "Nada".

Entonces lo confronté con el hecho de que su comportamiento había cambiado. Utilizamos una técnica en la que le pedí que cerrara los ojos y respirara despacio con la intención de conectarse y comprender el tema subyacente de sus comportamientos. Él lo hizo.

Me tomó un tiempo, pero por fin me dijo que se sentía muy enojado porque todos sus amigos le preguntaban por su padre, y siempre tenía que mentir al respecto y decir que estaba de viaje.

Fue muy difícil para él aceptar el hecho de que su padre lo había abandonado, así que mentía al respecto, y eso generó mucha ira y tristeza dentro de él. Esa era la causa de su angustia y enojo; y las malas calificaciones y la bebida fueron los *efectos secundarios* o *síntomas* de ese malestar.

En cuanto pudo ver y entender que esos comportamientos eran el resultado de sentimientos más profundos y de culpar a alguien más, supo que tenía que tomar una decisión.

Una opción era elegir ser la Víctima de lo que le estaba pasando. Con esta mentalidad, lo más probable es que hubiera seguido siendo la víctima sufriente durante toda su vida.

En cambio, también tenía la opción de elegir ser el Creador. Con esta mentalidad podía tomar el control (y la responsabilidad) de lo que estaba pasando en su vida; podría elegir ser el héroe de su historia y superar lo que le pasó.

Ser dueño de tus acciones, pensamientos y sentimientos te da poder; actuar como una víctima te quita ese poder.

Esta elección es lo que da lugar a resultados distintos en la vida.

La diferencia entre ser Víctima o ser Creador es precisamente la diferencia entre un adulto responsable y uno irresponsable. Cuando asumimos la responsabilidad de nuestros pensamientos, palabras y acciones y dejamos de culpar a otros por nuestros problemas, tomamos el timón de nuestras vidas –y esto es algo *muy poderoso.*

Acciones de Crianza Extraordinaria:

1) Técnica Uno a Uno: el objetivo es entender la verdadera razón por la que tu hijo actúa de cierta manera. Es muy importante entender esto; ya que los problemas de comportamiento son los síntomas, no la causa. Pregúntale: ¿Qué sientes en tu estómago? ¿Qué te está molestando? ¿De qué te estás rebelando?

2) Toma 5 minutos para reflexionar sobre cómo podrías estar limitando a tus hijos con tus propias creencias. Por ejemplo, tal vez tu hijo quiera viajar después de la preparatoria durante un año, y tú le has dicho que no puede. ¿Es posible que la angustia por su viaje venga de tus propias creencias limitantes? Escribe todas las situaciones que se te ocurran. Sé honesto contigo mismo.

3) Piensa en algo que haces o piensas automáticamente, porque los demás lo hacen. Por ejemplo, ver las noticias. Muchas personas ven las noticias porque creen que deben hacerlo. ¿Por qué? ¿Porque todos los demás lo hacen? Sin embargo, muchas otras personas (incluyéndome) te dirán que no es necesario ver las noticias, y si evitas verlas de hecho puedes liberarte de una manipulación terrible. Al pensar en estas acciones y creencias las traerás a tu mente consciente. Una vez que estés consciente de lo que haces inconscientemente, tendrás el poder de decidir si deseas seguir haciéndolo o creyéndolo.

11. AMA SIN CONDICIONES

Cómo amar verdadera y plenamente; sin condiciones

DECIRLES A TUS HIJOS, todos los días, que los amas y que son importantes para ti, abrazarlos amorosamente, mirarlos a los ojos y estar conectado con ellos desde el corazón, grabará profundamente tu amor dentro de ellos.

Piensa en el amor como un cultivo: la calidad y cantidad de agua y sol que reciba la tierra va a afectar el producto que vas a cosechar. Deja que tus palabras amorosas, tus abrazos y tu presencia sean el agua, la nutrición y el sol que ayudan a tus hijos a crecer fuertes, seguros, alegres, comprometidos y motivados.

Hazles saber siempre que los amas –por sobre *todas* las cosas.

Esto es extremadamente importante. Habrá momentos difíciles en sus vidas en que tener la *certeza* de que los amas (por sobre todas las cosas) les dará la confianza de ser completamente francos contigo, sin temor a que no los aceptes como son. Sabrán que tú nunca les negarías tu amor –por *ninguna* razón.

> *Saber que sus padres los aman sin condiciones es la base de su seguridad interior.*

En tiempos difíciles, es sumamente importante que sientan tu amor incondicional. Les dará la seguridad para honrar a la persona que realmente son. Esto no significa que nunca puedas estar enojado, decepcionado, confundido o triste; sino que, a pesar de lo que hayan hecho para hacerte sentir así, *nunca* dejarás de amarlos.

◆ ◆ ◆

Paulina sabía que me podía decir cualquier cosa (como lo había hecho siempre). Por eso tuvo el valor para decirme algo que nunca me habría imaginado.

Tenía 21 años, vivía en la Ciudad de México y estaba estudiando la carrera de Derecho. Yo seguía viviendo en Puerto Vallarta. Después de un viaje muy divertido de una semana en Miami, de regreso a casa, hice escala en la Ciudad de México para visitarla.

Estábamos las dos solas, disfrutando de la alegría de estar juntas. Preparamos una ensalada deliciosa y nos sentamos a cenar. Mientras comíamos, empecé a sentir una energía extraña. No estaba segura de qué era, pero intuí que algo andaba mal.

Empecé a hacerle las *buenas preguntas*:

"Pau, ¿pasó algo? ¿Hay algo que me quieras decir?"

Silencio.

En ese momento, mi hija estaba saliendo con un chico español, de quien estaba muy enamorada; pero cuando terminó su semestre de intercambio él volvió a España. Pau tenía planeado hacer un viaje para ir visitarlo en el verano.

Volví a preguntar: "¿Pasa algo?"

Otra vez silencio.

Entonces, desde mi intuición de madre, mi tercera pregunta fue:

−¿Tiene algo que ver con tu novio español?

−Sí −me contestó−, el fin de semana fui a una fiesta.

−¿Y conociste a alguien? −le pregunté.

−Sí, y me besó.

Empecé, en automático, con la plática habitual de madre a hija: "no te preocupes, todavía eres joven, está bien que conozcas a otras personas, no te sientas mal... bla, bla, bla." Pero nada de esto estaba en sintonía ni resonaba con ella, solo me miraba. Entonces supe que algo definitivamente estaba mal.

−¿Este hombre está casado? -pregunté.

−No.

Y de la nada, sentí un impulso que me hizo preguntarle algo que nunca hubiera querido preguntar.

−¿Esta persona es una mujer?

Y mientras lo decía, le rezaba a Dios que su respuesta fuera otro "No". Pero no fue así.

Me quedé muda.

Por fin, después de unos veinte minutos de silencio sepulcral, le dije que la amaba incondicionalmente –por sobre *todas* las cosas.

Luego me confesó que había tenido dudas durante varios años, que estaba confundida y tratar de lidiar con todas las expectativas de la sociedad y la idea de casarse con un hombre, la hacía sentirse inadaptada.

Le dije que la apoyaría, sin importar lo que decidiera, y que su preferencia sexual no tenía nada que ver con el amor que yo sentía por ella. Nos abrazamos y lloramos durante horas.

Al día siguiente tuve que volver a casa. Esa mañana me desperté sintiendo un vacío que es difícil de describir. Sentía una especie de pérdida, como si alguien hubiera muerto ...

Como madre, quería que un *hombre* cuidara de mi hija, un *hombre* que la protegiera toda su vida. No quería que sufriera por ser diferente, y temía que la sociedad la juzgara.

Ella me pidió que no le contara a nadie sobre ese tema. La única persona que sabía era su hermano; él fue el primero a quien ella llamó cuando pasó todo. Sebastián le aconsejó que me lo contara (y estoy muy contenta de que lo hizo).

En esa época yo vivía con mi novio. Lloré día y noche durante más o menos un mes. Él quería saber qué me pasaba y me preguntaba todos los días si tenía algún problema o si estaba enferma. No podría decirle nada; se lo le había prometido a mi hija. Sufrí en silencio, sin poder hablar del tema con nadie más.

Un mes después volvimos a la Ciudad de México porque Pau estaba enferma. Mientras estaba en el auto con ella, mi novio le preguntó si sabía lo que me pasaba. Le dijo que yo había estado muy callada y llorando todos los días durante un mes entero.

Y, por primera vez, Pau tuvo el valor de decirle lo que estaba pasando. Con coraje y confianza, fue capaz de decirle que era lesbiana; con la certeza absoluta de que siempre la amaríamos *por sobre todas las cosas*.

En septiembre de 2017, Paulina se casó con la mujer de sus sueños —el amor de su vida— en una boda poco convencional de dos mujeres hermosas (que parecían modelos). Esta boda nos enseñó a todos que el Amor y la Unidad no tienen etiquetas. Nos liberó del dogma y de los modelos obsoletos de la sociedad, que son una mera ilusión y *limitación* en nuestras mentes, que nos impiden ser quienes realmente somos.

Perspectiva de Paulina

Cuando la sociedad te hace creer que las cosas tienen que ser de cierta manera, es muy difícil no ser de esa manera.

Toda mi vida sentí que algo en mí era diferente, pero no sabía qué era.

Mi madre siempre me ha dicho: "No importa cuánto quieras evadirte, la vida te va a llamar a ti misma, y va a insistir cada vez con más fuerza hasta que la escuches. Se te van a presentar situaciones similares hasta que abras los ojos, hagas consciencia de lo que está pasando y lo aceptes".

Yo escuché este llamado tres veces.

Ahora que abrí los ojos y acepté quién soy, puedo ver con claridad esas tres ocasiones en que la vida me llamó a mí misma.

La primera ocurrió en mi adolescencia —el momento de la vida en que todo se siente multiplicado por tres. Me enamoré por primera vez. No tenía idea de qué estaba pasando dentro de mí; pero hoy sé que estaba perdidamente enamorada de mi mejor amiga.

Oí el segundo llamado en la universidad. Estaba en una fiesta y, después de envalentonarme con alcohol, volví a sentir esa sensación repentina de adrenalina ante una mujer. Sentí las mariposas.

Y el tercero llegó en frente de 170 personas, cara a cara con la mujer que hoy es mi esposa, mi alma gemela y mi compañera de vida... fue el más fuerte de todos, el mágico día de mi boda.

Lo más difícil de aceptar, cuando no eres como la sociedad quiere que seas, es la lucha constante de sentirte "diferente", por ejemplo, por sentir ciertas emociones al ver a una persona de tu mismo sexo. Para mí la parte más difícil de esto fue aceptarme a mí misma, pero tuve que hacerlo para entender lo que siempre había reprimido dentro de mí.

Tener a mi mamá cerca, apoyándome, fue el catalizador que me ayudó a sentirme segura dentro de mí misma.

Como padre/madre, en este tipo de situación, lo más importante es nunca juzgar. Es crucial para el bienestar de tus hijos aceptar y comprender que cada persona vive una vida única con estilos y experiencias distintas (no importa lo raras que puedan parecernos).

Por eso es tan importante hacerles saber a tus hijos que estás con ellos y que siempre vas a estar ahí —aunque el camino sea complicado o difícil, vas a estar ahí.

Si tienes más de un hijo, es muy importante que este tipo de amor incondicional también lo sientan entre ellos.

Mi hijo y mi hija se llevaban muy bien cuando eran niños, pero cuando entraron en la adolescencia empezaron a hacer comentarios como "No me cae bien mi hermano, lo odio" o "Me choca mi hermana".

Yo no iba a permitir que se trataran de esta manera. Mi estrategia fue clara y simple: les dije que, si no aprendían a tolerarse el uno al otro, no tendrían permiso de ir a fiestas o salir con sus amigos. Si querían salir de noche tenían que ir juntos, para que Sebastián cuidara a su hermana.

Después de un par de semanas de quedarse en la casa empezaron a entender que les convenía llevarse bien para no arruinar su vida social. Como resultado, terminaron siendo los mejores amigos, y la manera en que ahora se aman y se apoyan mutuamente es algo realmente hermoso. Saben que se tienen el uno al otro, y eso es un regalo de por vida –ese el poder de la Hermandad.

Perspectiva de Paulina

Cuando era adolescente no me caía bien mi hermano.

Los dos tenemos un carácter muy fuerte, cada uno con sus propios ideales bien definidos. Nuestras personalidades pueden chocar por completo o armonizar como una sola.

En la adolescencia todo se siente muy diferente: las emociones se diversifican e intensifican.

En ese tiempo mi hermano y yo no nos entendíamos; teníamos grupos de amigos distintos, rutinas independientes. No había poder humano que pudiera evitar que peleáramos constantemente: éramos dos polos opuestos.

Mi madre siempre ha sido muy contundente en sus acciones. Cuando se cansó que vernos pelear todo el día, sacó un truco muy ingenioso que tenía escondido en la manga. Engañó nuestras mentes, y ni cuenta nos dimos.

Ella sabía que lo peor que te puede pasar como adolescente es que no te dejen ver a tus amigos, tener que quedarte en tu casa. Así que puso una regla simple y pragmática: si queríamos salir, teníamos que ir juntos. Esto significaba que si él decidía no salir; yo no podía hacerlo, y viceversa.

Al principio fue horrible, pero después de unos meses la compañía de mi hermano se convirtió en mi apoyo; me empecé a dar cuenta de que estábamos creciendo juntos. Pasamos juntos por todas las experiencias de nuestra adolescencia y hablábamos de todo. La conexión que creamos en ese momento nos fue acercando cada vez más.

Ahora entiendo la lección que mi madre nos estaba enseñando: conectarse con el otro significa compartir los momentos profundamente. Esos momentos hicieron que mi hermano y yo creciéramos fuertes juntos. Hoy seguimos siendo muy unidos y tenemos que agradecérselo a esta astuta regla de nuestra madre.

Otra buena estrategia para hacerles saber que los amas profundamente es integrar a sus amigos en la familia.

Deja que tu hogar sea un lugar donde se reúne su tribu.

Me ayudó mucho abrir nuestro hogar a sus amigos. Cuando los hijos están en la adolescencia, no hay nada en el mundo más importante para ellos que sus amigos.

Sí, sé que invitar a sus amigos a la casa puede ser mucho trabajo; pero créeme, ayuda mucho. Organizar planes con ellos, cómo cocinar algo delicioso, hace que tus hijos y sus amigos se sientan especiales.

Intégralos en algunas de tus actividades de familia, y hazles algunas *buenas preguntas* para hacer que se den cuenta de que realmente te interesa lo que te están diciendo.

Gracias a esto me gané el título de "la mamá *cool* que cocina delicioso"; y por eso todos sus amigos siempre querían venir a nuestra casa.

Acciones de Crianza Extraordinaria:

1) Demuéstrales a tus hijos que los amas todos los días: abrázalos, míralos a los ojos en silencio y mantente conectado con ellos conscientemente desde tu corazón.

2) Invita a los amigos de tus hijos a tu casa al menos una vez al mes. Siéntate con ellos, socializa y conéctate con ellos durante la cena o la comida. Esto ayudará a tus hijos a sentir la profundidad de tu amor –no solo por ellos, sino por las cosas y las personas que son importantes para ellos.

Para profundizar en este tema, descarga herramientas gratis en: www.parentingextraordinary.com/es/herramientas

12. FORTALECE TUS LAZOS CONSTANTEMENTE

Crea experiencias que trasciendan en recuerdos inolvidables

HACER COSAS JUNTOS es la mejor manera de unirse y crear recuerdos que duran toda la vida. Dependiendo de los intereses de cada integrante de la familia, organiza planes (juntos) que los emocionen. Hazles sentir que eres su amigo más cercano, a sabiendas de que eres su maestro y guía.

> *Crear recuerdos tiene que ver con conectar e inspirar temas significativos de conversación. Esto crea un vínculo entre tú y tus hijos que durará toda la vida.*

Como una de mis pasiones en la vida es cocinar, mis hijos estuvieron expuestos a muchos sabores, colores, ingredientes y aromas a muy temprana edad. Cuando eran bebés yo daba clases de cocina, y más tarde tuve un restaurante y un negocio de eventos.

Así que nuestra casa siempre estaba repleta de ingredientes, había una colección enorme de libros de cocina y el rico olor de la cocina casera impregnaba el aire. Como familia, la comida nos une: nos encanta hablar de recetas, restaurantes, comida étnica e ingredientes…

somos *apasionados* de la comida. De hecho, el tema principal de cualquier viaje que hacemos juntos como familia es conocer una ciudad/país a través de su propuesta culinaria particular.

En el 2008 tuve que cerrar mi negocio de eventos. Invertí el dinero en tres boletos para ir a una escuela de cocina en Toscana, Italia. Sebastián y Paulina todavía estaban en secundaria y nunca habían viajado a Europa. Por alguna razón su escuela había dado una semana libre en octubre, y en solo dos días organizamos todo, empacamos y aterrizamos en Italia.

Los tres recordamos este viaje como *magia pura*.

Mientras aprendíamos cocina Toscana, descubrimos lo maravillosamente que combinan el amor y la comida. Reíamos y bromeábamos todo el tiempo; mientras degustábamos una copa de vino tinto, visitábamos los mercados locales y caminábamos por las calles estrechas de Lucca. Estos momentos crearon una conexión entre los tres a un nivel completamente nuevo y muy profundo.

Viajar con tus hijos es una manera fantástica de crear vínculos y recuerdos inolvidables, de los que duran para toda la vida. Además, los viajes nos dieron la oportunidad de comunicarnos profundamente, y gracias a eso estamos eternamente unidos.

Estos momentos de compartir juntos no tienen por qué ser algo caro. Dependiendo de sus intereses y pasiones, puede ser una experiencia de fin de semana nada más. La idea es organizar actividades para realizar todos juntos, en las que pueda participar cada miembro de la familia, sin importar su edad.

Para nosotros no importaba si era un viaje a Europa o una cena en un puesto de tacos –disfrutamos cada momento juntos al compartir sabores. Esos sabores y aromas nos unirán para siempre porque, entre un bocado y otro, nos miramos a los ojos profundamente, escuchamos nuestra risa y saboreamos la alegría de vivir.

Acciones de Crianza Extraordinaria:

1) Habla con tus hijos y descubre los intereses que tienen en común. ¿Cocina? ¿Pintura? ¿Camping? ¿Bailar y hacer bromas?

2) Planea (en este momento) una actividad de fin de semana con tus hijos que involucre algo en lo que todos estén interesados. Esta actividad no tiene que ser lejos, larga o costosa. Por ejemplo, a mis hijos y a mí nos encantan la comida y la cocina, así que siempre hacemos actividades relacionadas con la comida, como ir a los mercados, visitar restaurantes interesantes y hacer picnics gourmet en parques.

Para profundizar en este tema, descarga herramientas gratis en: www.parentingextraordinary.com/es/herramientas

13. FOMENTA SU INGENIO

Un cambio de mentalidad convierte lo ordinario en extraordinario – siempre

L A COMBINACIÓN DEL INGENIO y el pensamiento creativo es el *Arte del Replantamiento*, que significa transformar el peor aspecto de una situación, en el mejor.

Se trata de cómo eliges cambiar tu perspectiva.

Por ejemplo, dos personas están atoradas en el tráfico. Lo más probable es que las dos lleguen tarde al trabajo; pero una va aferrada al volante con frustración y maldiciendo cada semáforo en rojo; mientras la otra va muy sonriente, cantando y bailando en su asiento mientras escucha la radio.

¿Cómo es posible? Bueno, solo tienen distintas perspectivas de la misma situación.

El problema común aquí es el tráfico inevitable. La primera persona ve este tráfico como una molestia horrible que arruina por completo su día. La segunda persona ve este tráfico como una oportunidad para tomarse un tiempo para sí mismo antes de tener que pasar todo el día en el trabajo.

Ambas saben que llegarán tarde, pero una sabe que preocuparse no le servirá de nada —después de todo, llegar tarde y enojado es mucho peor que llegar tarde y contento.

La elección que hace cada persona, en este y *todos* los casos, depende por completo de sí misma.

¿El tráfico es un tormento o un maestro de la paciencia?

Al replantear cualquier situación podemos superar cualquier imprevisto.

Sé creativo.

En lugar de enfocarte en el lado negativo de las cosas, estira tu mente para encontrar siempre una manera alternativa de pensar. Aquí es donde entra la creatividad: ¿cómo puedo pensar en esta situación de otra manera? Aunque sea difícil al principio, inténtalo.

No tienes que encontrar el *mejor pensamiento* que te haga sentir perfecto; solo busca un pensamiento que te haga sentir un poco mejor.

Cuando pienses en algo que te haga sentir un poco mejor, automáticamente vas a querer pensar en una sensación todavía mejor, ¡porque se siente bien! Luego otra. Y otra. Muy pronto te sentirás mucho mejor con toda la situación.

Siempre estuve muy comprometida a criar a mis hijos con un estándar más alto que como yo crecí —y de ninguna manera iba a bajar estos estándares. Para eso tuve que ser súper creativa. Decidí que irían a la mejor escuela posible, vivirían en el mejor vecindario, disfrutarían de la comida más simple o sofisticada y viajarían a diferentes lugares y países.

Al hacer esto, mi mente siempre estaba centrada en la abundancia y la gratitud.

El *ingenio* se trata de crear un espacio donde hay esperanza, donde las situaciones se ven a través un lente diferente.

El ingenio *no* se trata de esconderle los problemas a tus hijos y mentir sobre ellos, sino de ser creativo para encontrar mejores formas de pensar en determinada situación, y enfocar tu atención en las soluciones.

La crianza extraordinaria no solo se trata de ser creativo e ingenioso sobre cómo *tú* percibes las situaciones; también es enseñarles a tus hijos a hacer lo mismo.

◆ ◆ ◆

En 2005 abrí un negocio comida para de eventos, y mis hijos me ayudaban a atender los eventos. Pensé que ayudarme sería una buena manera de que empezaran a aprender a trabajar. Además, podían ganar algo de dinero.

En una ocasión nos contrataron para servir un evento de 100 personas. Uno de los platillos era rollos tailandeses, y para hacerlos había que pelar más de 500 camarones. Sebastián era el responsable de pelarlos *todos*.

Después de que le enseñé cómo hacerlo con un par, se quedó pelando los otros 498. Me tuve que ir a comprar otros ingredientes, pero cuando volví, una hora más tarde, solo había pelado 30 camarones –era muy poco progreso. Estaba furioso, refunfuñando, y dijo que no iba a pelar ni uno más. Entonces, como su jefa, le dije pedí que, si no iba a hacer su trabajo, se retirara; y le advertí que no le pagaría por ayudar en ese evento si no terminaba de pelar todos los camarones.

¡Estaba enojadísimo! Empezó a caminar hacia la salida. Le dije que pensara bien las cosas antes de irse, y que si salía por esa puerta lo despediría. Lo pensó, y decidió volver al montón de camarones. En la siguiente hora dominó El Arte de Pelar Camarones. Pero lo que realmente estaba dominando en ese momento èra El Arte del Ingenio (la habilidad de pelar camarones llegó por añadidura).

Si hubiera tenido en mente estas lecciones desde el principio, si hubiera estado consciente que podría crecer a partir de esa experiencia; tal vez no se habría sentido frustrado.

¡Hasta la fecha nos seguimos riendo con esa historia de los camarones!

Perspectiva de Sebastián

Tenía casi 18 años. A veces la gente piensa que para cuando su hijo cumple 18 años ya no tienen que seguir educándolo; pero sí deben hacerlo.

Recuerdo que era muy malo para pelar camarones -lo odiaba. Lo odiaba.

Eran camarones grandes. Me dolían los dedos. Pelar solo dos o tres me tomó casi media hora. Entonces le dije a mi mamá que no quería hacer eso, le pedí a mi mamá que me diera otra tarea.

Ella me miró... no dijo nada, y anotó algo en una lista.

Luego, cuando salió con mi hermana a comprar flores para la decoración del evento, me entregó la lista que estaba escribiendo. Dijo que era una lista de las tareas que yo tenía que terminar en lo que ellas regresaban.

Solo era una tarea:

Hay un tazón de camarones dentro del refrigerador. Tienes que pelarlos todos.

No es broma, había más de 400 camarones en el tazón. Al principio pensé "¡Qué cabrona! Le dije que me dolían las manos y no podía hacerlo, ¡y solo dio más camarones para pelar!"

Como cualquier tarea difícil, cuando la haces por primera vez, cuesta mucho trabajo, duele y eres pésimo. Pero cuando practicas una y otra vez (y una y otra vez) descubres formas cada vez más eficientes de hacerlo.

Después de un tiempo encontré la manera de hacerlo rápidamente. Descubrí que, si abres un camarón por la cabeza y continúas pelándolo desde ahí, en lugar de hacerlo todo por partes, era mucho más rápido.

Era increíble, al final estaba pelando camarones en menos de 20 segundos.

Entonces empecé a tomar en serio el desafío. Decidí que cuando mi madre regresara tendría todos los camarones pelados para impresionarla.

Lo hice. Me dolió muchísimo, me dolieron mucho las manos —pero lo hice.

Una gran lección que aprendí de esta experiencia fue mi capacidad para superar un desafío.

Cuando mi madre regresó y lo vio, quedó impresionada, y me dijo: "No me digas que no puedes hacer algo, porque sí puedes".

Aprendí que cuando la mente hace algo, y lo ves realizado, comienzas a creer que es posible. Y también que a veces tienes que hacer cosas que no te gustan para llegar a donde quieres ir.

Esta experiencia puede parecer pequeña, pero me dejó muchas lecciones.

Me enseñó a ir más allá de mis límites, a perseverar, a hacer cosas que no me gustan y tomarlas como un desafío. Y no solo eso: me enseñó autosuficiencia e ingenio; aprendí a hacer las cosas mejor y más rápido.

Pero una de las lecciones más importantes fue el resultado de que mi madre siempre nos llevaba a sus negocios y nos enseñó a trabajar de primera mano.

En su momento, estas tareas parecían pequeñeces; pero cada una de ellas me fue dando una buena idea de cómo funcionan los negocios. Gracias a que mi madre me llevaba al trabajo y pude aprender sobre negocios haciendo, viendo y accediendo a las neuronas espejo (la forma en que el cerebro imita para aprender), pude crecer para convertirme en un gran empresario.

Como emprendedor, creé un negocio que organizaba viajes para más de 6,000 estudiantes internacionales. También organicé festivales con más de 2,000 asistentes en todo México. Además, he hablado dos veces en el Festival de Emprendedores más grande de Latinoamérica, donde compartí el escenario con mentes brillantes como Richard Branson y Jack Andraka.

Por lo tanto, he sido muy bueno en perfeccionar el ingenio; y le debo mucho de este éxito a todas las lecciones que aprendí en aquel entonces.

Mi abuela materna fue quien me enseñó algo de lo que he aprendido sobre "El arte de ver una situación sombría a través de un cristal resplandeciente". Era una mujer que veía el mundo con lentes de color de rosa. Su visión del mundo era encontrar la belleza en *todo* –y cuando digo *todo*, lo digo en serio. Veía una vestido común y corriente como un vestido de princesa; una fiesta cualquiera era una celebración memorable; un simple viaje de fin de semana era una aventura digna de un cuento de hadas... y así con todo.

Cuando yo era chica, me llevaba al mercado de La Merced en la Ciudad de México. Era *enorme,* y pasillo tras pasillo, puesto tras puesto. . . ¡solo vendían dulces!

Cuando me llevaba me decía que íbamos al "Palacio de los Dulces". ¡Imagínate ser una niña, y que tu abuela te diga que te va a llevar a un palacio de puros dulces! La noche anterior no podía dormir de la emoción que me daba saber que a la mañana siguiente estaría en el Palacio de los Dulces.

Ahora, en retrospectiva, veo con ojos de adulto que este palacio era un simple mercado donde vendían dulces a granel; pero mi mente infantil recuerda un palacio hermoso y colorido, lleno de dulces exquisitos.

Supongo que en la vida tenemos esa opción en cada situación: la podemos ver como simple mercado mayorista de lo más vulgar, o como un palacio mágico.

◆ ◆ ◆

Después de trabajar duro y ahorrar cada centavo que pude, por fin compré una casa. Estábamos muy emocionados de mudarnos ahí, ya que estaba en una zona muy bonita de la ciudad.

Un día, Sebastián, de 15 años, me preguntó si sabía en qué estilo estaba decorada nuestra casa (sus amigos de la escuela se lo preguntaban). La pregunta me dejó perpleja. El dinero que tenía había alcanzado para pagar la casa –*nada más*. ¡No teníamos muebles!

En cada recámara había un colchón en el piso, no había comedor y nuestra sala eran algunos cojines esparcidos en el suelo.

Sin saber qué responderle, de repente sentí como si mi abuela (que había fallecido años atrás) estuviera ahí conmigo, susurrándome al oído: "dile que está decorada *estilo japonés*…"

Y eso hice.

Me sacuden las carcajadas mientras escribo esto. ¡Qué replanteamiento tan increíble!

Podría haber dicho que no podíamos comprar muebles porque no teníamos dinero; y eso le habría dado un mensaje de escasez. En cambio, sin tener que mentirle, su mente pudo registrar un estilo de decoración original y divertido.

Al día siguiente Sebastián les habló del estilo japonés de nuestro hogar a todos sus amigos, que no veían la hora de recibir una invitación para verlo en persona. Por supuesto les encantó.

Perspectiva de Sebastián

Recuerdo que estaba muy emocionado cuando nos mudamos a esa casa, y estaba feliz de llevar a todos mis amigos. Cuando vivíamos en un departamento había invitado a mis amigos, pero no tenía comparación con nuestra nueva casa de dos pisos, con jardín y alberca.

Antes de que los invitara, me preguntaron (por alguna extraña razón): "¿Cómo está decorada tu casa?"

Digo, tenía 14 años y no sabía muy bien cómo responder a esa pregunta. Le pregunté a mi mamá y dijo "estilo japonés".

Y yo de verdad creí que era estilo japonés.

Mi madre trabajó duro y ahorró cada centavo que pudo para comprar la casa; así que, por supuesto, no tenía el presupuesto para amueblarla (sin embargo, cuando lo tuvo la decoró increíble). Ella fue capaz de convertir esta falta de decoración en un estilo de decoración que todos mis amigos y yo pensamos que era realmente genial.

Su capacidad de replantear las cosas para que se sientan mejor de lo que son es algo que ha estado arraigado profundamente en mí.

Yo llamo a este valor Reencuadre.

Cuando tenía mi negocio, ese era el valor principal. Más adelante le platiqué a mi mamá sobre ese valor en mi empresa, y me dijo: "Sí, yo he hecho eso toda mi vida. Te lo enseñé, te acuerdas, como la historia de la decoración japonesa."

Fue genial darme cuenta de que desarrollé estos patrones de forma inconsciente.

El Arte del Reencuadre es básicamente la capacidad de responder a una situación (normalmente) mala y convertirla en algo bueno. Es crucial, porque las cosas no siempre salen como estaban planeadas, y uno debe de poder pivotar y autocorregirse en el momento —debes ser capaz de replantear lo que está sucediendo.

Más allá del ingenio, el reencuadre (replanteamiento) es sacar lo mejor de una situación.

Quiero compartir con ustedes una historia relacionada.

Como ya mencioné, mi negocio anterior era organizar "viajes y eventos" en México para estudiantes internacionales. Durante uno de nuestros viajes en el centro de México, yo estaba a cargo de dirigir un autobús lleno de estudiantes internacionales.

Todos en el autobús estaban súper emocionados de ir a un castillo en la selva. En realidad, era un castillo surrealista en la selva, el único en todo el mundo, que está en la Huasteca Potosina.

En nuestro camino hacia ahí caía una lluvia torrencial. Todos estaban muy preocupados y podían sentir la energía nerviosa de sus líderes. Era comprensible: estábamos en un autobús, en el medio de la selva, atrapados en una tormenta.

De repente el autobús se detuvo por completo.

Yo estaba tratando de calmar a la gente cuando un miembro del equipo se me acercó y me dijo: "Oye, hay un árbol en medio del camino y no podemos avanzar. Nos tenemos que quedar aquí".

Se sintió el pánico en el autobús.

Imagina a un piloto de un avión que sale de la cabina con la mano en la cabeza, derrotado y sin saber qué hacer... ¡eso asustaría mucho a los pasajeros!

De inmediato pensé en cómo replantear la situación. Fui al frente del autobús y vi el árbol que bloqueaba el camino. Tomé el micrófono y dije: "Necesito 5 chicos sexys sin camisa que me ayuden a mover este árbol".

El pánico se transformó en entusiasmo. Pusimos la canción de Rocky a todo volumen, y de inmediato cinco tipos se quitaron la camisa. Entre gritos y aplausos, todos empezamos a ayudar con la maniobra. De la nada apareció un tipo con un machete golpeando el árbol. En muy poco tiempo logramos cortar el árbol en pedazos y sacarlo del camino.

Estábamos empapados de lluvia y sudor, parecíamos gladiadores o titanes. Toda nuestra energía estaba enfocada en quitar ese árbol del camino.

Y lo hicimos. ¡Fue una victoria espectacular! Lo que empezó como un problema nefasto terminó siendo una experiencia increíble, gracias a que reformulamos la situación y usamos nuestro ingenio.

En mi empresa contamos esta historia una y otra vez para resaltar el poder del reencuadre, o replanteamiento, que en realidad vino de mi madre y de la historia de la decoración japonesa.

Así de poderoso es el replanteamiento. Esto es algo por lo que vivo, y algo que les enseñaré a mis hijos inconscientemente, tal como mi madre me lo enseñó, inconscientemente, a mí.

Mi padre era judío y mi madre era católica. Cuando era chica todo el tiempo mis compañeros me preguntaban "¿Qué eres?"

No sabía qué responderles, me quedaba callada y se burlaban de mí.

Recuerdo que les pedí a mis padres que me enseñaran a manejar esta extraña situación, y me dijeron que les respondiera a mis amigos que "no era nada". Eso hice, pero no dejaron de burlarse, al contrario.

Cuando me casé, no lo hice ante una religión. Para mí las religiones no son más que instituciones creadas por el hombre para controlar a las personas. Por lo tanto, al igual que yo, mis hijos no recibieron una educación religiosa. Cuando tenían unos ocho y diez años más o menos, sus compañeros de clase empezaron con el mismo interrogatorio. Y un día me preguntaron "Mamá, ¿qué *somos*?"

Al principio me encontré dándoles la misma respuesta que mis padres me habían dado a mí: "nada". Luego recordé que esa respuesta no me ayudó en lo más mínimo. Después de pensarlo un poco más, les dije "Eres Todo y Nada", lo que significa que respetas todas las religiones, pero no sigues ninguna de ellas. Dios es *Todo* y *Nada* a la vez, y tú estás hecho de la misma vibración.

A veces subestimamos la comprensión profunda de la que son capaces nuestros hijos. Ellos me enseñaron esta lección cuando les explicaron esta idea de *"Todo y Nada"* a sus amigos de tal forma que lo entendieron perfectamente.

En este caso pude replantear el concepto de ser "nada" en términos de religión, a ser *"Todo y Nada a la vez"*, que se sentía mucho mejor en nuestros corazones que decir que éramos "nada".

Perspectiva de Sebastián

Ahí estaba yo, sintiéndome totalmente indefenso en la escuela. Recuerdo que mis amigos me molestaban porque no sabía "qué" era.

Estaba muy confundido. No era judío (aunque conocía las festividades judías) y no era católico (aunque conocía las festividades católicas).

No sabía dónde estaba parado; me sentía perdido, inadaptado, afuera.

Un día me armé de valor y le pregunté a mi madre: "¿Qué soy?"

Muchos padres podrían haber tenido la actitud de: "¿Te están intimidado? Ve a aprender algo de karate y defiéndete".

Pero mi madre es muy buena para comprender los sentimientos que subyacen bajo el comportamiento, y entendió lo que me estaba pasando. Estuvo totalmente presente en ese momento, para poder recordar que pasó por una situación similar cuando era joven.

Se puso en nuestros zapatos para criarnos, y creo que eso es muy importante.

Me pidió que le contara más sobre lo que estaba pasando y le conté toda la historia: "Mis amigos me molestan porque no sé qué religión soy. No sé en lo que creo. El otro día fui a la iglesia porque un amigo fue, y de alguna manera yo quería pertenecer. Fingí que estaba cantando, pero sentí que las canciones iban en contra de mis valores, porque eso no es lo que yo realmente creo. ¿Qué debería decir?"

Ella dijo: "Diles que eres todo y nada".

Eso hizo clic dentro de mí, lo entendí con mucha claridad.

Después de eso, les dije a todos: "Yo soy todo y no soy nada".

En retrospectiva, le dije esto a muchos de mis amigos.

Incluso ahora, tengo un amigo egipcio que siempre ha tenido problemas para saber en qué creía. Estaba harto del dogma extremo de todas las religiones, por lo que decidió no creer en nada. Compartí esta historia con él en un grupo de entrenadores (coaching), y me dijo que era de las cosas más profundas que había oído en su vida. Cuando llegó a conocer a mi madre le dio un gran abrazo y tuvo la oportunidad de decirle personalmente lo mucho que ese nuevo concepto significaba para él.

Desde mi propio viaje espiritual, todo apunta a esa verdad fundamental: Somos todo, somos nada; somos Uno.

Es un concepto muy poderoso y agradezco profundamente que me lo hayan inculcado desde la infancia.

Cuando nos mudamos de la Ciudad de México a Puerto Vallarta tuve que ser ingeniosa de todas las formas posibles. Era padre y madre al mismo tiempo y tuve que hacer malabares para educar a mis hijos y mantenernos a la vez. Así que decidí abrir un restaurantito de baguettes y ensaladas en frente de la escuela donde estudiaban mis hijos.

Con esa estrategia ellos recibían su almuerzo desde mi negocio todos los días; lo cual me quitó la tarea de prepararlo cada mañana. También resultó ser una gran idea en términos de marketing, porque todos los días los otros chicos de la escuela veían a mis hijos comiendo baguettes, ensaladas y smoothies, nutritivos y deliciosos, que les eran entregadas en la puerta de su escuela; y todos querían eso.

Intento ver las situaciones a través de esos lentes rosas y resplandecientes siempre que puedo. Mientras criaba a mis hijos, sentí que la forma en que elegía ver las cosas no solo impactaba directamente sus vidas, sino que en realidad estaba *creando* sus vidas.

Hacer esto les dio una base sólida para construir sus propias vidas. Entendieron, desde una edad muy temprana, que nuestras vidas simplemente están diseñadas por los pensamientos que elegimos pensar y las perspectivas que *elegimos* mantener.

El mundo puede ser aburrido, oscuro y gris; o puede ser luminoso, alegre y colorido. Lo que tenemos que elegir es el tipo de lente a través del cual queremos verlo.

Acciones de Crianza Extraordinaria:

1) Una vez al mes, cierra los ojos y visualiza algo que quieras lograr en la crianza de tus hijos. Luego pide inspiración sobre diferentes formas de lograrlo. En tu cuaderno de Crianza Extraordinaria, escribe 3 posibilidades que se te ocurran después de hacerlo. La idea es comenzar a abrir tu mente a diferentes formas de lograr algo.

2) Escribe en tu cuaderno acerca de una situación que no está yendo tan bien como quisieras.

3) Después escribe sobre la misma situación de nuevo, pero escríbela como si fuera un cuento de hadas. Cambia las palabras para que suene más bella y dale un final maravilloso. ¿Cómo es esta historia ahora? La historia del Palacio de los Dulces es un buen ejemplo de esto.

Este proceso es una gran metáfora para reescribir tu vida cómo te gustaría que fuera, así como lo hacemos todos los días con nuestros pensamientos y creencias. También es excelente para aumentar el optimismo y la visualización. Si aprecias esta práctica, ¡haz que tus hijos lo intenten!

14. VIVE EN GRATITUD

STAR CONSCIENTEMENTE AGRADECIDO en cada momento crea un entorno de esperanza: una sensación constante de ser especial y estar bendecido.

La gratitud nos ayuda a ver la vida como una oportunidad, en lugar de una lucha constante.

En el año 2000, cuando vivíamos en la Ciudad de México, hicimos un viaje por carretera a Puerto Escondido, Oaxaca. De pasada por un pueblito (de solo 800 habitantes en aquel entonces) llamado Marquelia, se nos descompuso el auto en medio de la carretera. No había nada alrededor y no se veía a nadie, excepto unos lindos cerditos cruzando el camino.

Después de cuatro horas por fin encontramos al único mecánico del pueblo. Revisó nuestro auto y nos dijo que teníamos que esperar 3 días para que llegara la pieza de repuesto. Así que nos quedamos varados en este pueblo de una sola calle durante varios días. Pudo haber sido una pesadilla, pero decidimos aprovecharlo al máximo –y convertirlo en una aventura.

Nos instalamos en un motel pequeño y sencillo; el único que había en Marquelia. Y por alguna extraña razón (que en realidad hasta la fecha no he podido entender), ¡la pasamos sensacional esos días!

Para el segundo día todos en el pueblo nos conocían. Nos hicimos amigos del dueño del único puesto de tacos (donde comíamos y cenamos a diario) y hasta de los lindos cerditos que cruzaban la calle todos los días.

Lo único que nos importaba en ese momento era que estábamos juntos. Vivíamos agradecidos y decidimos apreciar realmente nuestro tiempo juntos esperando el repuesto del auto.

Además, todavía hoy podemos recordar con increíble claridad el sabor de las enchiladas más deliciosas del mundo: las del mismísimo puesto de tacos.

Acciones de Crianza Extraordinaria:

1) Todas las noches, antes de que tus hijos se vayan a la cama, pídeles que agradezcan al menos tres cosas. También comparte con ellos al menos tres cosas por las que tú estás agradecido. La idea es que todos se vayan a dormir con un sentimiento de apreciación y agradecimiento.

Para profundizar en este tema, descarga herramientas gratis en: www.parentingextraordinary.com/es/herramientas

V. UN PLUS:

NUESTROS RITUALES Y LAS CONCLUSIONES DE MIS HIJOS

A CONTINUACIÓN VAS A encontrar ejercicios y técnicas que utilicé para conectarme, escuchar y empatizar con mis hijos. Esto nos ayudó a resolver muchos problemas en los últimos 30 años, a lo largo de las diversas etapas de su crecimiento.

Pláticas de sobremesa

Esta es una práctica de conexión diaria.

Después de cada cena o comida, tomen un tiempo para conversar antes de levantarse de la mesa a limpiar y guardar las cosas. La cena no debe verse solo como un momento para comer, sino como un tiempo para compartir. Más allá de comer juntos, la sobremesa es muy importante. Algunas cenas/comidas tendrán más tiempo que otras, pero siempre intenta compartir al menos algo antes de levantarte de la mesa.

Este es un momento para hacerle *buenas preguntas* a tus hijos y realmente llegar a conocerlos y comprenderlos. También es un buen momento para que puedan expresarse y conectarse contigo en un nivel más profundo.

Espacio sagrado

Elige un día a la semana y reserva tiempo para compartir preguntas y experiencias, en ambos sentidos (padres-hijos / hijos-padres). Asegúrate de que no haya teléfonos o pantallas para que puedan hablar *sin distracciones*.

Este espacio sagrado puede ser una noche de contar cuentos, por ejemplo, en la que cada miembro de la familia comparte algún tipo de historia. Esta historia puede ser sobre algo que quieren, algo que han recibido, un sueño que tuvieron, visiones que tienen, ¡cualquier cosa! Estas charlas pueden ser serias, divertidas, interesantes... no importa; todo depende el tema que elija la persona que hable.

El objetivo principal de esto es conocerse y entenderse unos a otros, en un nivel más profundo y la forma en que experimentan la vida y expresan sus experiencias unos a otros.

Círculo mágico

Este es un tipo de intervención que puedes usar cuando hay un problema familiar.

Siéntense en el suelo todos formando un círculo. Empiezan, de uno en uno, a hablar sobre el problema en cuestión y a proponer soluciones. Es importante responderse unos a otros con cuidado y ofrecer comentarios honestos. La idea es que cada miembro hable durante unos tres o cinco minutos, mientras el resto escucha en silencio.

Técnica de respirar y mirar a los ojos

Esta técnica ayuda a generar una conexión profunda, en especial cuando dos miembros de la familia están teniendo problemas entre ellos.

Deben mirarse a los ojos en silencio y respirar durante dos minutos, más o menos, para conectarse.

¿Sabías que cuando miras a los ojos de alguien y te conectas de esta manera, su corazón y sus ondas cerebrales se sincronizan?

Qué maravilla, ¿no? La conexión se da incluso a nivel fisiológico – va mucho más allá de los latidos del corazón y las ondas cerebrales.

Este es un ejercicio que puedes usar antes del Círculo mágico para tener una conexión mucho más profunda antes de que todos comiencen a abrirse. Incluso puedes hacer esto una vez al mes para sincronizarse con el alma de cada uno.

Técnica de agradecimiento y apreciación

Al final de cada día, es muy benéfico (para todos los involucrados) que cada miembro de la familia les diga a los demás algo que aprecia de ellos. Un buen momento para hacer esto juntos es justo antes de irse a la cama –dormirse con el corazón lleno de aprecio es algo maravilloso para tu mente, cuerpo y alma.

Técnica de unión

Cocinar juntos es una excelente forma de conectar. Cuando les pides a tus hijos que preparen algo para la comida o que participen de alguna manera, se sienten necesitados, entienden que son un elemento importante de la familia.

Cocinar juntos como familia es fantástico. Al hacerlo, puedes ayudar a motivar su creatividad, a la vez que los haces sentir que son útiles e importantes.

Además, ¡puedes compartir formas saludables de preparar la comida y comer! Incluir a mis hijos en la preparación de alimentos fue como les enseñé cultura culinaria y hábitos saludables.

Intégralos en tu práctica de meditación

Esta integración podría ser tan simple como caminar juntos en la naturaleza. El enfoque principal de esta técnica de conexión es reconocer la naturaleza: abraza a los árboles, escucha a los pájaros y aprecia su canto, siente las texturas del viento y conéctate con todo tu entorno.

Esto les enseñará a tus hijos a estar en el momento presente y apreciar todo lo que los rodea. Esta toma de conciencia y apreciación del momento presente puede mejorar enormemente la experiencia de su vida entera.

Bendiciones de protección

Crea rituales que los ayuden a sentirse protegidos.

Tengo una frase/afirmación particular que les pido que repitan todas las mañanas antes de salir de su casa. Les pido que digan en su mente: *"Solo lo bueno puede entrar en mi vida"* y que dejen que una sensación de protección rodee todo su cuerpo.

Viajes y actividades inolvidables

Una o dos veces al año, organiza un viaje para toda la familia que incluya un interés común o de cada miembro, algo que permita a la familia experimentar cosas nuevas juntos.

Por ejemplo, algunos viajes que hicimos fueron a un retiro de meditación en un Ashram y a una escuela de cocina (donde preparamos comida deliciosa todos juntos), entre otros.

Los viajes familiares son una excelente forma de vincularse profundamente y son una estrategia poderosa para la creación de recuerdos, que unirán a la familia de por vida.

Hay que ver a la familia como un equipo –criar a los hijos se trata de crear los espacios y momentos para que el equipo se una en un nivel más profundo.

Visualizar la conexión con la técnica de intuición cardíaca

Esta técnica es muy útil antes de tomar una decisión, o cuando les preguntas algo a tus hijos y no saben la respuesta.

Pídeles que cierren sus ojos e inhalen y exhalen.

Luego pídeles que toquen el área de su corazón con la mano izquierda y sigan respirando lentamente. Mientras hacen esto, hazles la pregunta que desean aclarar. Inhalando y exhalando, deja que la respuesta llegue con suavidad.

Esta técnica funciona de maravilla porque, cuando tomamos decisiones importantes, solemos darle demasiado peso a nuestra mente lógica. Sin embargo, en el corazón tenemos todas las respuestas –el corazón es el centro intuitivo de nuestro cuerpo. Al conectarte primero con tu corazón podrás tomar decisiones que se alineen mejor con tu yo superior y tu mayor propósito.

Conclusiones de Paulina

Desde mi experiencia como hija, puedo decir que los niños son el reflejo de sus padres.

Por eso estoy profundamente agradecida por la fuerza y perseverancia de mi madre, ya que ahora estas características, sin lugar a dudas, son una gran parte de mí.

Con los años, a través de todas estas historias y experiencias, me he dado cuenta de que la clave de mi éxito es esta fortaleza y perseverancia.

Estoy agradecida de que, incluso en los momentos en que mi madre quería rendirse, no lo hizo. Se mantuvo fuerte y me obligó a permanecer consciente de mis acciones.

Ella siempre ha sido muy puntual en recordarme que yo soy mi mayor limitación, y a la vez mi mayor superpoder – que puedo destruirme, o aspirar a inspirar.

Conclusiones de Sebastián

Actualmente tengo 30 años y es apenas en los últimos meses que he reflexionado a fondo sobre las mayores enseñanzas de la crianza de mi madre.

Estas reflexiones llegaron a mí porque me he adentrado en mi propio viaje de autodescubrimiento.

Parte de lo que hago implica ayudar a la compañía #1 del mundo en educación de crecimiento personal, Mindvalley, a crecer en línea a través de YouTube y Google; esto significa que tengo la bendición de estar a la vanguardia del movimiento de desarrollo personal y puedo conocer y aprender directamente de muchos de los mejores maestros del mundo; Robin Sharma, Lisa Nichols, Neale Donald Walsch, Jim Kwik y muchos otros a través del trabajo que hago. En otras palabras, no solo soy un geek (o genio) del marketing en línea , sino que también soy un adicto al crecimiento personal.

A través de todo este trabajo interno, autoaprendizaje y lectura, es como me he acercado mucho más a mi niño interior.

Descubrí que, en el fondo de mi entendimiento, ya sé lo que saben algunos de los mejores profesores del mundo, como Stephen Covey (autor de Los 7 hábitos de la gente altamente efectiva). Es ahora que me estoy dando cuenta de mi programación subconsciente.

Al mirar hacia atrás me doy cuenta de que siento estos principios en lugar de conocerlos conscientemente. Por fin estoy descubriendo a mi niño interior, y todas estas cosas que sé inconscientemente.

Sé estas cosas inconscientemente porque mi madre me las enseñó cuando era muy pequeño. Cada vez que hago un curso de crecimiento personal, trabajo en mi desarrollo personal, practico liderazgo, escucho atentamente o realizo cualquier tipo de comunicación interpersonal, me acuerdo de mi mamá.

Esa es la parte más loca de todo esto: descubrir que inconscientemente sé todas esas cosas me hace valorar algo que no veía en ese momento. Me hace valorar lo que ella me enseñó.

En ese momento pensé que era estricta; amor duro. Ahora, mientras aprendo todos estos principios, de todos estos autores famosos, pienso "Wow, ¿mamá sabía esto?"

Pienso en ella constantemente. La llamo a menudo y digo cosas como, "Wow, mamá, acabo de enterarme de esto y de hecho tú lo aplicabas mientras me criabas ..." Y éstas son cosas que ahora estoy aprendiendo de los multimillonarios.

Ahora me doy cuenta de lo increíblemente afortunado que soy por haber sido programado con los principios de alto nivel de un multimillonario desde que era muy joven.

No lo valoré en aquel entonces —pero ahora lo valoro enormemente.

Lo que hace que estas lecciones sean tan difíciles de reconocer es que el ciclo de retroalimentación sea tan grande. Si la lección que ella me enseñó sucedió hace 20 años, es difícil ver la correlación entre esa lección y cómo soy ahora. Es difícil reconocer que una lección en particular que ella me enseñó hace 20 años fue una de las cosas clave que me hicieron una mejor persona hoy.

En pocas palabras, ahora en mi propio viaje personal, sigo descubriendo más de mí mismo a través de esas enseñanzas inconscientes.

Cada día veo más y más lo increíblemente poderoso es todo esto.

VI. MI MANERA DE DEJAR ESTE MUNDO MEJOR DE COMO LO ENCONTRÉ

L A INTENCIÓN DE ESTE LIBRO es que, a través de algunas de las historias que te cuento, puedas relacionarte con problemas similares que atraviesas con tus propios hijos. Espero ayudarte a sentir que no estás solo, y que este libro te inspire a seguir adelante y encontrar esperanza y motivación en el camino. Créeme, ¡vale la pena!

Estaría mintiendo si te dijera que nuestra vida fue perfecta; no lo fue. Hubo muchas situaciones en las que no tenía ni idea de qué hacer o cómo actuar.

Hubo gritos, enojo, desesperación, frustración y muchas lágrimas. Hubo muchos momentos en que odié ser madre, en que estaba completamente exhausta, abrumada, desesperada y pensé que no iba a lograrlo.

Sin embargo, lo hice. Estoy tan agradecida de que mi guía interna me haya empujado hacia adelante –no sé cómo, pero al final de cada lucha, siempre había luz.

Actualmente mi hijo tiene 30 años y mi hija tiene 27. Es una locura mirar hacia atrás y poder ver ahora los maravillosos seres humanos en que se convirtieron.

Ya hablé de la mujer maravillosa en que Paulina se ha convertido. Sebastián también se ha convertido en un hombre increíble. Resultó ser una versión masculina de mí. Asumió toda mi búsqueda espiritual y la ha hecho suya. Hace un par de años, experimentó un "estado elevado de conciencia" o una experiencia de Samadhi que alteró por completo su percepción de la vida. Luego decidió seguir un llamado más alto de ayudar a despertar a la humanidad en un nivel masivo...

Sebastián nunca ha sido alguien que haya seguido el camino tradicional. Se graduó de la universidad y mientras estaba estudiando, inició dos negocios que cumplieron sus pasiones en ese momento. Pero después de ser emprendedor durante los últimos 7 años, decidió seguir su vocación más grande de realmente ayudar al mundo a prosperar y despertar a las personas. Entonces se mudó al otro lado del mundo (a Malasia) para ayudar a Mindvalley, la compañía de educación de crecimiento personal más grande del mundo, a aumentar su presencia en línea a nivel mundial.

Desde que trabaja allí, la compañía ha crecido exponencialmente en línea en tan sólo los dos años que lleva trabajando con ellos! Vishen Lakhiani, el fundador de Mindvalley y un gran visionario, debe estar muy orgulloso de Sebastián, así como lo estoy yo. Su misión de elevar la conciencia humana se alinea de manera similar a la nuestra de elevar la conciencia de los padres para así detener la propagación de creencias limitantes que se transmite de generación en generación.

Cuando miro los ojos de Sebastián y Paulina, veo mi propio reflejo. Excepto que este reflejo es mil veces más brillante. Ellos me enseñan todos los días a disfrutar de la vida –por sobre todas las cosas. Tienen un don maravilloso para ver solo lo bueno en los humanos y en la vida. Su profundo sentido de gratitud es algo que no he visto en nadie más.

Mi hijo y mi hija son las personas que más admiro en el mundo. He sido totalmente bendecida al poder ser testigo de la transformación más sorprendente de un bebé y una bebé. *Estos dos seres humanos son mi inspiración.* A través de ellos sé que todo es posible y que mi existencia en este planeta y todo lo que he vivido han valido la pena total y completamente.

Criarlos se convirtió en el propósito de mi vida; mi bendición final.

Ahora veo mi propósito en un nivel aún más grande: espero que, a través de mis palabras e historias, pueda ayudar a que otros padres y madres en todo el mundo se conviertan, no en padres perfectos, sino en padres extraordinarios.

Mi motivación es que las semillas que riegas y nutres ahora se conviertan en la futura generación de una humanidad amorosa donde todos nos consideremos UNO solo.

Antes creía que la Unidad Global empieza por la Familia… ahora, sé que así es.

Mis hijos se han convertido en mis mentores –me guían y me inspiran de una forma que nunca hubiera imaginado posible. Muchas veces, ellos me educan a *mí* ahora.

Todavía tengo dudas sobre mi propia vida, aún lo he logrado descifrarla del todo. Sin embargo, al menos en la crianza de los hijos, sé que debo de haber hecho algo bien, porque lo que me impulsó a escribir este libro fue que mi hijo y mi hija me lo pidieron.

Como mencioné al principio del libro, ellos concibieron la idea de que yo escribiera un libro sobre la crianza de los hijos. ¡WOW! Me sorprendió muchísimo; *nunca* hubiera esperado que mis hijos desearan algo así.

Por lo general parece ser al revés: que los hijos aprenden de sus padres haciendo exactamente lo opuesto. Bueno, en este caso, ya desde hace algunos años me pidieron que escribiera un libro sobre cómo educar a los hijos. Ahora, como puedes ver, ¡por fin lo hice!

Quieren aprender todo sobre cómo los crié y, a través de estos principios, criar a sus propios hijos. Además, quieren inspirar a otros padres a ser conscientes de la crianza de sus hijos y, como yo, nutrir sus semillas con el suelo más fértil, el agua más fresca y el sol más brillante.

Todavía no tengo nietos, pero definitivamente espero con mucha alegría esa próxima etapa de mi vida. ¿Quién sabe? ¡Tal vez el próximo libro que escriba será sobre *Abuelos Extraordinarios*!

¡Te deseo una paternidad/maternidad bendecida y hermosa!

53455876R00111